DESIGN PASSIVO

**Guia para conhecer, entender e aplicar
conforto ambiental com
baixo consumo energético**

Dados Internacionais de Catalogação na Publicação (CIP)
(Jeane Passos de Souza - CRB 8ª/6189)

Gurgel, Miriam
    Design passivo : guia para conhecer, entender e aplicar con-
forto ambiental com baixo consumo energético / Miriam Gurgel.
– 2.ed. – São Paulo : Editora Senac São Paulo, 2021.

    Bibliografia.
    ISBN 978-65-5536-570-2 (Impresso/2021)
    ISBN 978-65-5536-571-9 (ePub/2021)
    ISBN 978-65-5536-572-6 (PDF/2021)

    1. Design Passivo 2. Baixo consumo energético 3. Consumo
energético residencial 4. Arquitetura sustentável 5. Arquitetura
passiva I. Título.

21-1241t   CDD – 720.4
                                                    BISAC ARC018000

Índices para catálogo sistemático:

1. Arquitetura passiva   720.4

Miriam Gurgel

DESIGN PASSIVO

Guia para conhecer, entender e aplicar conforto ambiental com baixo consumo energético

2ª edição

Editora Senac São Paulo – São Paulo – 2021

ADMINISTRAÇÃO REGIONAL DO SENAC NO ESTADO DE SÃO PAULO
Presidente do Conselho Regional: Abram Szajman
Diretor do Departamento Regional: Luiz Francisco de A. Salgado
Superintendente Universitário e de Desenvolvimento: Luiz Carlos Dourado

EDITORA SENAC SÃO PAULO
Conselho Editorial: Luiz Francisco de A. Salgado
Luiz Carlos Dourado
Darcio Sayad Maia
Lucila Mara Sbrana Sciotti
Jeane Passos de Souza

Gerente/Publisher: Jeane Passos de Souza (jpassos@sp.senac.br)
Coordenação Editorial/Prospecção: Luís Américo Tousi Botelho (luis.tbotelho@sp.senac.br)
Dolores Crisci Manzano (dolores.cmanzano@sp.senac.br)
Administrativo: grupoedsadministrativo@sp.senac.br
Comercial: comercial@editorasenacsp.com.br

Edição de Texto: Adalberto Luís de Oliveira
Preparação de Texto: Flávia Schiavo
Revisão de Texto: Luciana Lima (coord.), Thiago Blumenthal, Globaltec
Projeto Gráfico, Capa e Editoração Eletrônica: Antonio Carlos De Angelis
Impressão e Acabamento: Coan Indústria Gráfica

Proibida a reprodução sem autorização expressa.
Todos os direitos desta edição reservados à
Editora Senac São Paulo
Rua 24 de Maio, 208 – 3º andar – Centro – CEP 01041-000
Caixa Postal 1120 – CEP 01032-970 – São Paulo – SP
Tel. (11) 2187-4450 – Fax (11) 2187-4486
E-mail: editora@sp.senac.br
Home page: http://www.livrariasenac.com.br

© Editora Senac São Paulo, 2021

Sumário

Nota do editor 9

Introdução 13

1 Definições 15
O que faz uma casa ser Passiva? 19
Os seis princípios do Design Passivo 20

2 Garantindo conforto 21

3 A importância do clima..27
Climas brasileiros..31
Levantamento dos dados climáticos para um projeto 36

4 Projetando para um determinado clima 37
Estratégias térmicas mais comuns a diferentes condições climáticas 41
Estratégias de condicionamento térmico para cada uma das oito zonas bioclimáticas brasileiras segundo a NBR 15220-3 43
Considerações 44

5 Importância do Sol...47
Incidência solar 49
A trajetória do Sol 50

Ângulo de incidência 52
Influência na forma e no layout 53
O terreno e o lote 55

6 Evitando perda ou ganho de calor 59
Envelope 62
Massa térmica 74
Isolamento térmico 79

7 Aquecimento passivo 87
Principais ganhos de calor em uma residência 91
O sol necessário 92
Claraboias (skylight), janelas altas e telhados de vidro 94
A sombra necessária 95
Localização no terreno ou lote 113
Layout 114
Piso externo 116
Construções com dois pavimentos 117
Setorização interna 118
Ventilador de teto 119
Massa térmica 120
Isolamento térmico 121
Soluções especiais 123
Resumo 126

8 Resfriamento passivo 127
Utilizando os ventos 131
Janelas, portas e aberturas para a ventilação 132
Como aumentar a eficácia dos ventos 137
Princípio da ventilação cruzada 144
Localização no terreno ou lote 147
Layout 151
Massa térmica 153
Isolamento térmico 154
Green roofs (telhados verdes) 155
Ecoparedes, paredes verdes, paredes jardim, jardins verticais, etc. 157
Resumo 158

9 O Design Passivo e o design de interiores *161*
O que é sustentabilidade *164*

10 Os conceitos do Design Passivo foram aplicados? *167*
Check list *169*

Bibliografia *171*
Sites consultados *172*

Índice geral *173*

Nota do editor

Um livro que propõe não só o conforto do ser humano em suas moradias, mas também a redução do impacto que as construções causam, inscreve-se no panorama das questões atuais que envolvem a economia das energias renováveis. Em arquitetura e design de interiores, essas preocupações se configuram no conceito de Design Passivo.

Uma edificação passiva interage com o meio ambiente à sua volta: o Sol, as correntes de vento ou brisa, a água. São edifícios cujos projetos são pensados tendo em conta o terreno em que será construído, os ângulos de incidência da luz solar durante o ano, as correntes de ar, a massa térmica dos materiais a serem empregados na construção: tudo para que se possa obter o máximo de eficiência energética, garantindo conforto térmico e iluminação para seus moradores. Nos projetos do Design Passivo, tecnologia, conforto, bem-estar e meio ambiente se conjugam de forma eficiente.

Com conteúdo leve, imagens e soluções criativas, esta publicação do Senac São Paulo permite a arquitetos, designers, professores, alunos de arquitetura e profissionais do meio ambiente assimilar de forma simples um conceito bastante orgânico, vivo e de interesse comum a toda a sociedade moderna.

Dedico este livro ao Matt, por seu companheirismo, ajuda e, principalmente, por ter "lidado" comigo enquanto eu escrevia este livro!

Obrigada!

Introdução

Mudanças climáticas, energias alternativas, sustentabilidade, tantas são as preocupações e novos enfoques que cercam a arquitetura na atualidade.

Meu primeiro contato com a Arquitetura Passiva, ou Design Passivo, aconteceu há uns dez anos aqui na Austrália, quando lecionei para estudantes de design e de arquitetura. Já ensinávamos a direcionar os projetos visando uma solução arquitetônica que expressasse todos os conceitos desse tipo de arquitetura e ajudando a economizar energia elétrica, entre tantos outros benefícios.

Na Europa, tomei maior contato com a Casa Passiva já que, em países bastante frios, como a Áustria, a Alemanha ou a Escandinávia, por exemplo, esse tipo de construção é fundamental e largamente difundido.

Neste meu novo livro, enfoco, sempre com uma linguagem fácil e bastante didática, os conceitos fundamentais do Design Passivo (Arquitetura Passiva); como e quando aplicá-los em benefício do meio ambiente e quais as variáveis a serem consideradas no processo criativo.

Os desenhos são esquemáticos e não fazem referência aos detalhes construtivos ou de fixação das soluções mostradas para tornar um projeto termicamente mais eficiente.

Vários autores e diferentes publicações serviram como base de pesquisa. De estudos científicos a explicações teóricas, foi vasta a base de material de consulta.

Este guia é uma "viagem" pelo Design Passivo e uma coletânea de diversas sugestões de soluções de problemas utilizadas no Brasil e no exterior.

Procuro orientar, acima de tudo, um novo posicionamento, um novo enfoque frente aos projetos, ou seja, uma busca de soluções criativas visando edificações com baixo custo energético.

Faço referência à sustentabilidade, mas o enfoque será o Design Passivo.

Este livro, em nenhum momento poderá ser classificado como um "manual técnico", mas, sim, como um guia para:

- orientar arquitetos;
- designers;
- ou simplesmente para quem deseja entender e aprender mais sobre o Design Passivo (Arquitetura Passiva) e aumentar, com pequenas intervenções ou "ações", o conforto térmico dentro de sua casa.

Com detalhes:

- explico os conceitos básicos do design passivo e como aplicá-los;
- dou sugestões para melhorar o conforto nas habitações;
- enfatizo alguns cuidados com o meio ambiente;
- oriento como se pode projetar uma casa que gaste menos energia elétrica para o aquecimento ou o resfriamento interno.

1

Definições

DEFINIÇÕES

São inúmeros os termos e denominações que surgiram e vêm surgindo para definir um tipo de arquitetura mais "responsável" com o meio ambiente: Bioarquitetura (ou Arquitetura Bioclimática), Arquitetura Sustentável, Eco-arquitetura, Arquitetura Passiva, etc.

Alguns desses conceitos interagem, completam-se ou mesmo se sobrepõem.

Procurarei explicar alguns termos de forma sucinta, simples e didática.

Sustentabilidade é um conceito introduzido por Lester Brown no final dos anos 1980 e que, simplificadamente, define a capacidade de uma comunidade, por exemplo, de se manter e se abastecer sem prejudicar as gerações futuras. Energia renovável, materiais ecológicos, não poluição, preservação da natureza, economia de água, etc. estarão presentes numa Arquitetura Sustentável.

Ecoarquitetura é uma arquitetura que está de acordo com o meio ambiente, que não interfere na natureza, e que usa materiais certificados, ou seja, ecológicos. O **ecodesign** preserva a natureza e os recursos naturais, evitando qualquer possível tipo de poluição.

Na **Arquitetura Bioclimática** estão presentes os conceitos de Casa Passiva e de Arquitetura Sustentável, levando ainda em consideração a integração entre as construções, os sistemas de transporte e os espaços públicos.

O conceito de **Casa Passiva** foi desenvolvido na Alemanha há muitos anos e tem sido utilizado no mundo todo como base para uma arquitetura sustentável.

> Passivo, ou usando meios naturais, será quase o total aquecimento da casa. Para isso serão utilizados os ganhos de 'calor' conseguidos através dos revestimentos empregados (massa térmica), do correto posicionamento perante o sol, etc.

> Passivo será também a maior parte do resfriamento da casa. Deverá ser aplicado o conceito de ventilação cruzada, deverão ser utilizados isolamentos térmicos, etc.

Portanto:

Passiva porque usará meios naturais e consequentemente pouca energia elétrica para aquecimento ou resfriamento dos ambientes, garantindo sempre maior conforto dentro dos ambientes.

A Arquitetura Passiva utiliza os conceitos do Design Passivo, como clima local, ventos incidentes, layout do projeto, utilização dos ambientes, materiais utilizados e outros fatores sempre visando um resultado energeticamente eficiente.

Não encontrei disparidades nas definições de Arquitetura Passiva e de Casa Passiva. A maioria dos autores concorda com uma definição bem clara e específica.

DEFINIÇÕES

O QUE FAZ UMA CASA SER PASSIVA?

Os parâmetros europeus para a classificação de uma casa como construção passiva são bastante rigorosos. O clima a que estão submetidos também é bem rigoroso, o que reforça ainda mais a necessidade de projetos realmente eficientes energeticamente.

Para eles uma construção é passiva quando:

- consome, em seu aquecimento anual, um valor máximo de 15 kWh/(m^{2}a)*;
- o consumo de energia primária para a residência não excede 120 kWh/(m^{2}a) (aquecimento interno, água quente e eletricidade);
- utiliza somente energia renovável para a energia adicional necessária.

Esses requisitos procuram manter as construções passivas consumindo menos de um quarto da energia utilizada por uma construção normal, que segue a legislação nacional de utilização de energia.

Na Austrália construímos casas passivas seguindo os conceitos e as diretrizes do Design Passivo, que podem, e devem, ser aplicados facilmente no Brasil.

Dessa forma, classifico como Casa Passiva a que segue os parâmetros do Design Passivo e não o conceito europeu de quantidade de energia consumida para aquecimento por metro quadrado.

Portanto:

Para ser passiva, a casa, ou o projeto, deve seguir os conceitos do design passivo.

---

* A unidade de medida m^{2}a significa metro quadrado por ano.

OS SEIS PRINCÍPIOS DO DESIGN PASSIVO

1. Adaptação ao clima.
2. Orientação correta da construção.
3. Aberturas (janelas e portas) bem posicionadas e protegidas.
4. Utilização da massa térmica.
5. Isolamento térmico.
6. Ventilação cruzada.

Portanto, a Casa Passiva deverá:

- *ser adaptada ao clima onde será construída;*
- *ter um layout cuidadosamente estudado;*
- *garantir ventilação natural;*
- *utilizar o sol para o aquecimento da casa e da água;*
- *utilizar isolamento térmico;*
- *considerar a massa térmica dos materiais;*
- *ter janelas e portas eficientes;*
- *favorecer e garantir a ventilação natural;*
- *apresentar maior conforto ambiental.*

2

Garantindo conforto

A primeira coisa a ser feita é identificar quando e por que nos sentimos "confortáveis".

Segundo diversos autores, o conforto térmico depende de vários fatores e não somente das condições ambientais locais.

Cada pessoa sente calor e frio segundo condições bastante diferentes. Cada um reage de um modo ao calor, ao frio, ao sol direto ou mesmo às brisas.

De uma forma bem simplificada, quando utilizamos um ambiente e estamos relaxados, sentados, sem fazer grandes movimentos, tendemos a suar menos, ou seja, a sentir menos calor do que se estivéssemos nos movimentando bastante ou mesmo nos exercitando.

O que estamos vestindo também é outra variável importante e independente do ambiente onde nos encontramos.

Portanto:
A sensação de conforto é bastante variável de pessoa para pessoa.

Generalizando, podemos dizer que, no verão, a maioria das pessoas se sente confortável com temperaturas entre 20 ºC e 27 ºC e com umidade relativa do ar inferior a 60%.

Isso porque quanto maior for a umidade existente no ar, menor tenderá a ser a temperatura em que nos sentiremos confortáveis. Já no inverno, para a maioria das pessoas, podemos considerar como confortável temperaturas entre 18 ºC e 24 ºC.

Lembre-se de que essas temperaturas de "conforto" podem mudar bastante de pessoa para pessoa.

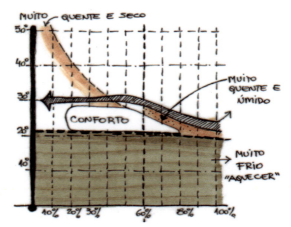

ILUSTRAÇÃO 1 – Condições de conforto segundo Victor Olgyay (Design with Climates, 1963).

Nosso corpo poderá trocar energia (calor) com o ambiente segundo quatro diferentes processos:

♦ **Por irradiação:** poderemos esfriar nosso corpo caso as superfícies próximas a ele sejam mais frias. Poderemos ganhar calor, caso as superfícies próximas a nosso corpo sejam mais quentes.

Lembra como em dias ensolarados e quentes é desagradável caminhar em ruas pavimentadas e cheias de construções? Isso porque sentimos o calor irradiado das superfícies em contato direto com o sol.

- **Por convecção:** dependerá do movimento do ar ao redor de nosso corpo. Brisas quentes no verão podem ser insuportáveis!
- **Por evaporação:** esfriamos nosso corpo através da evaporação da nossa transpiração. Quanto maior for a umidade relativa do ar, mais nos sentiremos desconfortáveis, principalmente se ela passar dos 60%.

Mesmo uma pequena brisa pode reduzir a temperatura de nosso corpo em alguns graus.

- **Por condução:** depende do fato de "tocar", "entrar em contato" com superfícies mais quentes ou mais frias do que nosso corpo.

Não é gostoso caminhar descalço no verão sobre um piso frio?

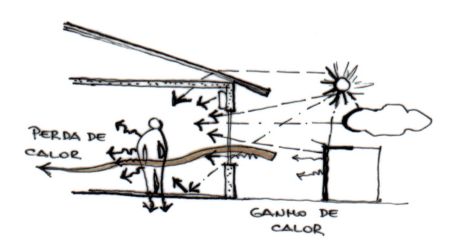

ILUSTRAÇÃO 2 – Exemplo de ganho e perda de calor.

Portanto:

- *Quando precisamos esquentar nosso corpo (aquecimento passivo), precisamos atrair o calor para perto de nós e evitar que ele "escape";*
- *Devemos facilitar a entrada de ventos e brisas nos ambientes, além de utilizar materiais que, ao toque, sejam "mais frios" que nosso corpo, para que ele "perca" calor e se sinta mais confortável (resfriamento passivo).*

3

A importância do clima

A IMPORTÂNCIA DO CLIMA

O primeiro princípio do Design Passivo é que o projeto seja 100% adaptado ao clima local.

Por isso, o clima deve e precisa ser conhecido em toda sua profundidade.

Se analisarmos alguns dos fatores que devem ser considerados quando pensamos em conforto nos ambientes, veremos que o clima estará relacionado diretamente a todos eles:

- temperatura dentro e fora da casa;
- umidade do ar;
- brisas e ventos (quentes e frios);
- fontes de calor para "aquecer" os dias frios;
- materiais que possam "refrescar" em dias quentes.

Fica fácil, portanto, constatar que a temperatura e a umidade estão diretamente ligadas ao clima, já que as brisas e os ventos são condições atmosféricas determinadas pelo movimento das massas de ar particulares de cada região brasileira.

Lembre-se:

A direção e a intensidade dos ventos podem ser alteradas caso ocorram interferências na paisagem urbana, como, por exemplo, a construção de edifícios altos, a plantação de árvores de grande porte, etc.

Fontes de calor e de resfriamento deverão ser criadas durante o projeto e estarão totalmente vinculadas à nossa capacidade criativa e de pesquisa.

Portanto:

É evidente a importância do clima, já que será ele que definirá os primeiros parâmetros do projeto.

O Brasil é enorme, então é evidente que uma casa projetada para a região Norte do país não poderia ser projetada seguindo os mesmos parâmetros de uma casa projetada para a região Sul.

Não me refiro às características culturais que, por si só, já apresentam inúmeras diferenças de uma região para outra, mas, sim, às diferentes condições climáticas particulares que os moradores podem ter que enfrentar durante os meses ou os dias de um mesmo ano.

Portanto:

Cada região do país terá características diferentes dependendo do clima predominante do lugar, como quantidade de chuva, sol, ventos, além de temperaturas diferenciadas.

CLIMAS BRASILEIROS

São várias as classificações climáticas existentes no Brasil.

Strahler classifica os climas brasileiros em cinco, segundo as influências das massas de ar que controlam e dominam determinadas áreas da superfície terrestre:

1. Clima equatorial úmido (convergência de alísios): quente e úmido, com médias mensais de 24 ºC a 27 ºC e pequeno resfriamento no inverno.
2. Clima litorâneo úmido: quente e úmido, com verão chuvoso e inverno menos chuvoso.
3. Clima tropical alternadamente úmido (verão) e seco (inverno).
4. Clima tropical tendendo a seco ou semiárido: chuvas somente em três meses do ano.
5. Clima subtropical úmido: chuvas fortes e distribuídas durante todo o ano e inverno frio.

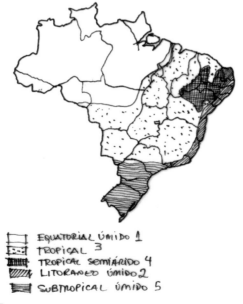

ILUSTRAÇÃO 3 – Mapa esquemático dos climas segundo STRAHLER.

Wilhem Köppen faz uma classificação que é considerada mais tradicional. Ele não leva em consideração a movimentação e a interferência das massas de ar, mas, sim, o tipo de relevo, a temperatura e as precipitações durante as estações do ano. Esta é uma classificação mais detalhada, complexa e, portanto, mais precisa.

A classificação dos climas do Estado de São Paulo varia bastante. Por exemplo:

- segundo a Biblioteca Virtual do Governo do Estado de São Paulo,[1] existem quatro tipos climáticos no Estado dependendo do relevo local.
- já segundo a classificação de Köppen, há sete tipos climáticos distintos determinados pelos dados pluviométricos locais.

Em outra classificação, a do professor Emerson Galvani, do Departamento de Geografia da Universidade de São Paulo,[2] encontramos no Brasil seis tipos de climas com as seguintes características:

1. Equatorial (região amazônica)
- Temperatura média entre 24 ºC e 26 ºC.
- Diferença de 3 ºC entre a máxima e a mínima registradas no ano (amplitude térmica).
- Chuvas abundantes e regulares.
- Inverno com possíveis frentes frias (friagem) e queda brusca de temperatura (até 10 ºC).

2. Tropical (grandes áreas do Planalto Central e regiões Nordeste e Sudeste)
- Temperaturas médias excedem 20 ºC.
- Amplitude térmica: 7 ºC.
- Chuvas médias.
- Verão quente e úmido.
- Inverno frio e seco.

---

1 Site http://www.bibliotecavirtual.sp.gov.br/index.php, s/d. de acesso.
2 Emerson Galvani, "Unidades climáticas brasileiras". Disponível em http://www.geografia.fflch.usp.br/graduacao/apoio/Apoio/Apoio_Emerson/Unidades_Climaticas_Brasileiras.pdf, s/d. de acesso.

3. Tropical de altitude (partes altas do Planalto Atlântico do Sudeste, norte do Paraná e sul do Mato Grosso do Sul)

- Temperatura média entre 18 ºC e 22 ºC.
- Chuvas como no clima tropical, porém mais intensas no verão.
- Inverno com possíveis geadas.

4. Tropical atlântico (litoral do Rio Grande do Norte ao Paraná)

- Temperatura média entre 18 ºC e 26 ºC.
- Quanto mais ao sul, maior a amplitude térmica.
- Chuvas: de médias a mais fortes no verão (no Sul e no litoral do Nordeste), no outono e no inverno.

5. Semiárido (depressões entre planaltos do sertão nordestino e no trecho baiano do rio São Francisco)

- Temperatura média elevada, em torno de 27 ºC.
- Amplitude térmica: 5 ºC.
- Chuvas irregulares e escassas (secas do Nordeste/estiagem).

6. Subtropical (ao sul do Trópico de Capricórnio – São Paulo, Paraná, Mato Grosso do Sul, Santa Catarina e Rio Grande do Sul)

- Temperatura média inferior a 18 ºC.
- Amplitude térmica: de 9 ºC a 13 ºC.
- Verão mais suave e inverno frio com nevascas ocasionais nas áreas mais elevadas.
- Chuvas constantes o ano inteiro.

O Instituto Brasileiro de Geografia e Estatística (IBGE)[3] classifica o Brasil segundo cinco climas zonais:

1. Equatorial.
2. Tropical da Zona Equatorial.
3. Tropical do Nordeste Oriental.
4. Tropical do Brasil Central.
5. Temperado.

E doze diferentes climas subdivididos em quatro categorias:

1. Quente (média > 18 °C em todos os meses do ano) – cinco climas.
2. Subquente (média entre 15 °C e 18 °C em pelo menos um mês) – três climas.
3. Mesotérmico brando (média – entre 10 °C e 15 °C) – três climas.
4. Mesotérmico mediano (média < 10 °C) – um clima.

A classificação que sigo como suporte para minhas considerações é a utilizada pela Associação Brasileira de Normas Técnicas (ABNT), a

NBR 15220-3: Zoneamento bioclimático brasileiro e diretrizes construtivas para habitações unifamiliares de interesse social

que classifica os climas brasileiros segundo oito Zonas Climáticas:

Como essa classificação climática é sugerida para "habitações de interesse social", acredito que suas diretrizes podem e devem ser consideradas por qualquer profissional interessado em construções que "não custem uma fortuna" para ser eficientes.

Independentemente da classificação climática na qual se enquadra o projeto, dentro de cada zona climática apresentada podem e irão ocorrer variações e

---

[3] Site interativo: http://www.mapas.ibge.gov.br/clima/viewer.htm, s/d. de acesso.

A IMPORTÂNCIA DO CLIMA

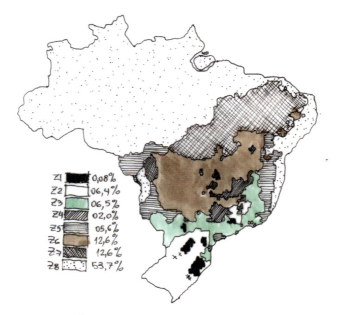

ILUSTRAÇÃO 4 – Mapa Climático Esquemático segundo a ABNT – NBR 15220-3 (www.abnt.org.br).

diferenciadores que criarão "microclimas" com características específicas e diferenciadas importantíssimas para o sucesso do projeto.

Portanto:
- *Para cada caso será necessário analisar e determinar as características climáticas específicas do local onde será implantado o projeto.*
- *Quanto mais conhecermos as características locais, mais eficiente tenderá a ser nossa intervenção para tornar a construção confortável.*
- *Este livro procura orientar o levantamento das diretrizes do projeto a ser executado.*

LEVANTAMENTO DOS DADOS CLIMÁTICOS PARA UM PROJETO

- Levantar a zona climática.
- Observar as características e as adaptações do clima no local.
- Verificar as direções e as características dos ventos predominantes na região.
- Verificar onde será construída a obra: topo de montanha, fundo de vale, planície ou qualquer outro local que possa alterar as características do clima e dos ventos predominantes na área.
- Levantar fatores variáveis, como a quantidade e a localização de vegetação próxima ao local do projeto, rios e lagos, ou qualquer outro detalhe relevante que possa ajudar a determinar o "microclima" local.
- Investigar construções próximas e suas características, bem como possíveis interferências na alteração da direção dos ventos, na criação de sombras, etc.

4

Projetando para um determinado clima

A NBR 15220-3 editada pela ABNT:

- divide o clima brasileiro em oito zonas, cataloga o clima de 330 cidades brasileiras e recomenda estratégias de projeto para cada uma delas;
- sugere algumas diretrizes construtivas para habitações de interesse social, apontando algumas considerações "passivas".

Lembre-se:

Este livro trata de construções unifamiliares, ou seja, destinadas a uma única família. Entretanto, vale a pena citar que a NBR 15575, editada pela ABNT, estabelece os requisitos necessários, bem como as normas a serem observadas, quando da construção de "edifícios habitacionais de até cinco pavimentos".

O Programa ZBRR (do engenheiro Maurício Roriz):

- foi criado com base nas informações da NBR 15220-3 (download gratuito no site: www.roriz.eng.br/download_6.html., s/d. de acesso);
- disponibiliza o clima para 330 cidades brasileiras.

O Programa de Combate ao Desperdício de Energia Elétrica (Procel) também fornece importante informação sobre o clima em sua publicação Dados Climáticos para Projeto e Avaliação Energética de Edificações para 14 Cidades Brasileiras (Belém, Brasília, Curitiba, Florianópolis, Fortaleza, Maceió, Natal, Porto Alegre, Recife, Rio de Janeiro, Salvador, São Luís, São Paulo e Vitória).[1]

As informações dessas fontes vão ajudar bastante, já que poderão poupar tempo na pesquisa do clima da região no levantamento de alguns dos problemas que deverão ser enfrentados na hora do projeto e já define "algumas" estratégias que devem ser consideradas. Entretanto, somente essas referências não bastam.

São inúmeras as soluções que podemos criar para cada projeto. A solução ideal será aquela que melhor "administre" o clima do local.

O projeto deverá proporcionar maior conforto aos moradores durante as diferentes alterações de temperatura que enfrentarão no decorrer do ano como, por exemplo:

- a quantidade de chuva poderá influenciar, entre outras coisas, na inclinação do telhado, no tipo de abertura das janelas que devemos escolher, nos materiais externos, etc.;
- altas temperaturas combinam com pés-direitos altos, ventilação do espaço do telhado, etc.;
- sol forte não deve incidir em telhados ou superfícies escuras;
- muito calor e umidade são mais "confortáveis" se pudermos incentivar a ventilação cruzada em todos os ambientes da casa;
- regiões frias devem ter bastante acesso ao sol do inverno, bom isolamento térmico e utilizar materiais que absorvam calor;
- janelas sem beirais em climas quentes devem receber proteção nos vidros ou, então, a quantidade de calor que entrará na casa será enorme.

---

[1] Disponível em: http://www.procelinfo.com.br, s/d. de acesso.

Lembre-se:

As opções passivas para adequar a construção e torná-la mais confortável são inúmeras e possuem diferentes "frentes" de ação, as quais serão estudadas nos capítulos seguintes.

Da escolha correta do lote, implantação no terreno, layout da casa até o tipo de janelas, materiais de revestimento, materiais construtivos, vegetação, etc., caberá ao designer ou arquiteto fazer as considerações e ponderações necessárias para chegar a uma solução que tenha o melhor custo-benefício, ou seja, que mais se adapte ao clima, que seja criativa, interessante, etc. para o projeto em questão.

Portanto:

Seguir tendências e modismos de fachadas e materiais sem levar em consideração dados climáticos poderá transformar o projeto em um completo fracasso.

ESTRATÉGIAS TÉRMICAS MAIS COMUNS A DIFERENTES CONDIÇÕES CLIMÁTICAS

A. Climas quentes e úmidos:

- precisamos de sombra;
- proteger as **faces leste** e **oeste** contra o calor intenso do sol;
- utilizar materiais com superfícies frescas;
- resfriar as noites quentes;
- evitar o ganho de calor por condução (isolamento térmico);
- aberturas altas para ventilação estratégica (ventilação por convecção);
- proteção contra a umidade;
- evitar ventos quentes e ventos que tragam poeira ou areia;

- ventilação cruzada;
- ventilador de teto.

B. Climas quentes e secos:

- precisamos de sombra;
- proteger as **faces leste** e **oeste** contra o calor intenso do sol;
- utilizar materiais com superfícies frescas;
- resfriar as noites quentes;
- evitar o ganho de calor por condução (isolamento térmico);
- aberturas altas para ventilação estratégica (ventilação por convecção);
- a existência de espelhos de água e de jardins internos (ventilação por evaporação);
- evitar ventos quentes e ventos que tragam poeira ou areia;
- ventilação cruzada;
- ventilador de teto.

C. Climas frios:

- precisamos do calor do sol;
- materiais com superfícies que emanem calor (massa térmica);
- criar envelope,[2] para manter o calor dentro da casa;
- evitar infiltração de ar frio do exterior;
- proteger as portas de acesso externo dos ventos frios;
- evitar a perda de calor por condução (isolamento térmico);
- evitar a perda de calor através das superfícies envidraçadas;
- incentivar a circulação do ar quente (ventilação por convecção);
- ventilador de teto (circulação de ar quente).

---

[2]   O termo "envelope" será explicado no capítulo 6 deste livro.

PROJETANDO PARA UM DETERMINADO CLIMA

ESTRATÉGIAS DE CONDICIONAMENTO TÉRMICO PARA CADA UMA DAS OITO ZONAS BIOCLIMÁTICAS BRASILEIRAS SEGUNDO A NBR 15220-3

Zona bioclimática 1

◆ Inverno: Aquecimento passivo com possível aquecimento "extra" para os dias mais frios.

Vedação interna pesada (inércia térmica) para manter o calor dentro da edificação.

Zonas bioclimáticas 2 e 3

◆ Inverno: Aquecimento passivo.

Vedação interna pesada (inércia térmica) para manter o calor dentro da edificação.

◆ Verão: Ventilação cruzada.

Zona bioclimática 4

◆ Inverno: Aquecimento passivo.

Vedação interna pesada (inércia térmica) para manter o calor dentro da edificação.

◆ Verão: Resfriamento evaporativo por meio de construção de espelhos d'água, vegetação ou qualquer outro recurso.

Massa térmica para resfriamento interno.

Ventilação cruzada seletiva (quando a temperatura interna for superior à externa).

Zona bioclimática 5

◆ Inverno: Vedação interna pesada (inércia térmica) para manter o calor dentro da edificação.

◆ Verão: Ventilação cruzada.

Zona bioclimática 6

- Inverno: Vedação interna pesada (inércia térmica) para manter o calor dentro da edificação.
- Verão: Resfriamento evaporativo por meio de construção de espelhos d'água, vegetação ou qualquer outro recurso.
  Massa térmica para resfriamento interno.
  Ventilação seletiva (quando a temperatura interna for superior à externa).

Zona bioclimática 7

- Verão: Resfriamento evaporativo por meio de construção de espelho d'água, vegetação ou qualquer outro recurso.
  Massa térmica para resfriamento.
  Ventilação cruzada seletiva (quando a temperatura interna for superior à externa).

Zona bioclimática 8

- Verão: Ventilação cruzada permanente.

CONSIDERAÇÕES

- Embora na maioria dos climas brasileiros sejam aplicadas técnicas de resfriamento ou aquecimento passivo, ainda será necessário algum tipo de "suporte" adicional para se atingir um bom conforto ambiental. Escolha sempre a opção energeticamente mais eficiente.
- Em **climas muito quentes**, com sol o ano todo, pode não ser preciso água quente de outra fonte que não seja a solar. Já em qualquer outro tipo de clima será preciso alguma "ajuda", mesmo que por alguns dias do ano. As opções a gás são as mais eficientes.

- **Climas muito frios** também poderão precisar de alguma ajuda para garantir o conforto dentro de casa em épocas de frio prolongado. Avalie todas as opções e escolha a mais energeticamente eficiente.
- Também podemos enfrentar alguns problemas como a "falta" de brisa, muitos dias quentes "sem trégua" ou qualquer variação climática em que as brisas não sejam suficientes. O ventilador de teto é sempre a solução mais econômica quando essa opção não foi incluída no design da edificação (soluções arquitetônicas).
- Aparelhos de ar-condicionado podem consumir muita energia elétrica. Novas tecnologias têm sido desenvolvidas para aperfeiçoar cada vez mais a eficiência energética desses equipamentos. Uma opção mais conveniente é optar por equipamentos com controles "independentes" por cômodos ou setores, assim não será preciso ligar o aparelho onde não for necessário.
- Um dos sistemas de aquecimento e resfriamento mais eficientes é a bomba de calor geotérmica (sistema que usa a temperatura de 10 ºC constante do subsolo). No inverno ele move a água e o ar quentes para dentro das construções e no verão para dentro do solo. Esse sistema possui uma desvantagem: ser elétrico.

5

Importância do Sol

IMPORTÂNCIA DO SOL

Sol é luz, energia e, acima de tudo, vida. Precisamos de sua luz para enxergar, de sua energia para nos aquecer e de sua presença para viver!

No Design Passivo ele é fundamental, pois será através dele que atingiremos o aquecimento passivo das construções.

INCIDÊNCIA SOLAR

A primeira coisa que aprendemos quando falamos de Sol é que, se nos posicionarmos com os braços abertos e direcionarmos a mão direita para o nascente e a mão esquerda para o poente, estaremos olhando para o **norte** e dando as costas para o sul. Assim sendo, o Sol nasce a **leste** e se põe a **oeste**.

Dependendo da distância que estivermos da **linha do Equador**, tanto a quantidade de luz solar quanto o ângulo de incidência na construção irão variar. Quanto mais distante do **Equador**, menor será a intensidade e a quantidade de horas de exposição aos raios solares.

As edificações bem próximas ao Equador terão o sol da manhã tão forte quanto o da tarde, fazendo com que as **faces leste** e **oeste** recebam bastante insolação, que, além de muito intensa, será constante durante o ano todo. Como o Sol nunca estará próximo ao horizonte, mantendo-se sempre alto, a quantidade de insolação que as construções receberão será bem grande.

Em localidades mais distantes do Equador, o sol tenderá a posicionar-se mais baixo, mais próximo ao horizonte; assim sendo, além de mais fraco será também em menor quantidade nas **faces leste** e **oeste**, o sol da manhã será mais agradável e da tarde mais "suportável".

Portanto:

Dependendo da localização da construção em relação à linha do Equador, irão variar consideravelmente a quantidade e a intensidade de sol incidente nas faces do projeto em questão.

A TRAJETÓRIA DO SOL

As construções no hemisfério sul devem considerar:
- a **face norte** como a face de maior exposição ao sol;
- a **face sul**, consequentemente, a de menor exposição solar;
- a **face oeste**, com o famoso "sol da tarde", pode ser "quentíssima";
- a **face leste**, que recebe o sol pela manhã, dependendo da localização geográfica, poderá ser bastante quente no verão.

Portanto:

No verão, para grande parte do Brasil, a melhor opção seria evitar aberturas (janelas e portas) nas faces leste e oeste das construções. O sol (raios solares) nessas direções pode ser muito quente e consequentemente aquecer demais o interior dos ambientes quando entrar pelas aberturas existentes nessas faces.

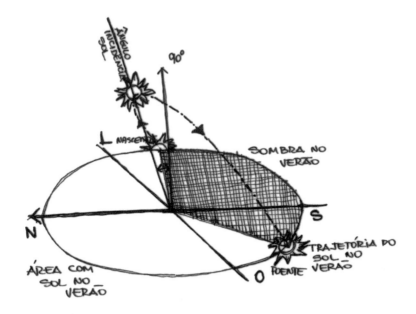

ILUSTRAÇÃO 5 – Trajetória solar no verão.

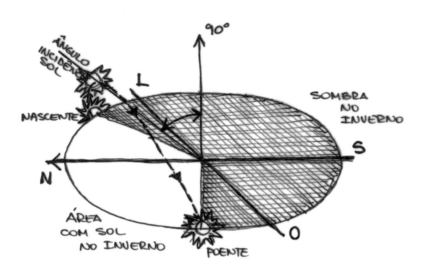

ILUSTRAÇÃO 6 – Trajetória solar no inverno.

Examine qual é o "sol bom" e qual é o "sol ruim" para um projeto, ou seja, qual sol queremos utilizar e qual devemos evitar.

ÂNGULO DE INCIDÊNCIA

Os raios solares (sol) incidem sobre as paredes externas, as janelas e as portas de uma construção com um ângulo determinado, que se modificará dependendo da estação (primavera, verão, outono e inverno), uma vez que a Terra muda sua inclinação em relação ao Sol no decorrer do ano.

Para facilitarmos a entrada de sol ou mesmo conseguir bloqueá-la, precisamos saber qual é o ângulo de incidência na região onde vamos construir ou reformar.

Existem diagramas, cálculos específicos, livros e até programas de computador que podem ser utilizados para identificar o ângulo que necessitaremos em nosso projeto.

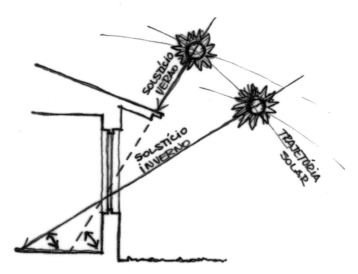

ILUSTRAÇÃO 7 – Desenho esquemático do ângulo de incidência solar no verão e no inverno.

IMPORTÂNCIA DO SOL

A seguir, veja uma tabela com os ângulos de incidência do sol (raios solares) na **face norte**, ao meio-dia, para algumas cidades brasileiras e que poderão ser utilizados no cálculo dos beirais e demais sombreamentos, como será explicado no próximo capítulo (fonte: www.winblok.com.br/por/default.htm, s/d. de acesso).

Ângulo do solstício		
Cidade	Verão	Inverno
Belém	67,88	65,12
Belo Horizonte	86,35	46,65
Brasília	82,36	50,64
Campo Grande	86,97	46,03
Cuiabá	82,15	50,85
Curitiba	87,98	40,98
Florianópolis	85,82	38,83
Fortaleza	70,27	62,53
Maceió	76,02	56,98
Manaus	69,54	63,46
Porto Alegre	83,56	36,56
Recife	74,63	58,37
Rio de Janeiro	89,4	43,59
São Paulo	89,85	42,88
Salvador	79,4	53,6
Vitória	86,74	46,25

INFLUÊNCIA NA FORMA E NO LAYOUT

Podemos afirmar que **não** existe um layout padrão para um Design Passivo. O que sabemos é que:

As casas com formas retangulares e mais compactas são melhores tanto para o aquecimento quanto para o resfriamento passivos.

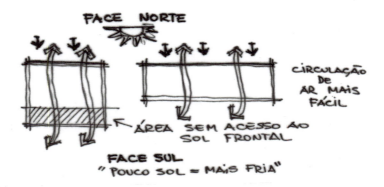

ILUSTRAÇÃO 8 – Exemplo esquemático de duas formas diferentes, mas com a mesma área. A mais longa proporciona maior opção de abertura de janelas, exposição ao sol e ventilação cruzada mais fácil. A forma mais quadrada terá menos área para captação do calor do sol no inverno e poucas opções de aberturas para ventilação cruzada. Devido à largura desta forma, ela poderá apresentar bloqueios internos que prejudicarão ainda mais a ventilação cruzada.

Ao criar um layout, procure considerar:

- **áreas mais utilizadas** pela família sempre ao **norte** (áreas sociais?);
- **áreas externas** para uso no inverno sempre ao **norte** (com sombreamento para sua utilização no verão);
- **dormitórios** na **face sul**, pois tenderão a ser mais frescos no verão;
- **banheiros** ao **sul** ou **oeste** ajudarão a afastar o calor proveniente dessas faces;
- **cozinha** para o **norte**, caso seja uma open kitchen e de grande uso pela família (a **leste** ou **sul** é mais conveniente em uma planta mais tradicional);
- **lavanderia sul** ou **oeste**, já que é de pouco uso e de breve permanência.

Entretanto, acredito que cada projeto é um projeto, cada casa é uma casa voltada para uma família diferente que "funciona" de determinada maneira.

Cada família tem seu jeito próprio de "viver a casa" e, para cada uma delas, pode existir uma definição muito particular do que seria a área social bem como de quais ambientes são mais utilizados pela família.

Portanto:

- *Os ambientes com maior utilização devem estar posicionados preferencialmente com as janelas para o* **norte**.
- *É aconselhável que os dormitórios sejam posicionados segundo a utilização feita pelos moradores, uma vez que se todos forem posicionados na* **face sul** *poderão ser muito frios no inverno, principalmente se forem utilizados com dupla função, ou seja, como escritório durante o dia e dormitório à noite.*
- *Lavanderias e banheiros podem ter janelas voltadas para o "sol quente do* **oeste**", *caso aberturas para essas faces sejam inevitáveis.*
- *A* **face sul** *não receberá sol direto e, em alguns climas, pode estar associada a muita umidade; dessa forma, a cozinha pode ser uma boa opção para essa face, já que tende a ser a área mais "quente" da casa.*

O TERRENO E O LOTE

A insolação será diferente em diferentes tipos de terreno dependendo da orientação **norte-sul**, da topografia e da vizinhança.

Orientação

As construções em lotes que seguem a orientação **norte-sul**, com vizinhança certa a **leste** e a **oeste**, tenderão a receber sombreamento nas faces de "pior" sol, ou seja, a **leste** e principalmente a **oeste**, onde o sol no verão pode ser quentíssimo. Dessa forma, a área da frente da casa e a área dos fundos poderão ser utilizadas plenamente. No verão intenso, uma opção de área externa na **face**

sul pode ser boa, uma vez que a pouca incidência de sol e brisas podem deixar o ambiente muito agradável e termicamente confortável.

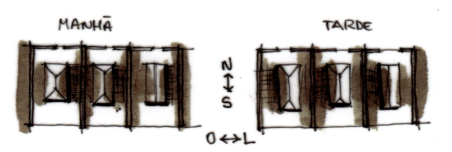

ILUSTRAÇÃO 9 – Esquema de casa em lotes com orientação Norte – Sul e as prováveis sombras nas faces leste e oeste.

Por sua vez, os lotes com orientação **leste-oeste** poderão ter sol direto de manhã e à tarde, e, ainda, sombra provocada por construções laterais na **face norte**, ou seja, na melhor face para o aquecimento passivo.

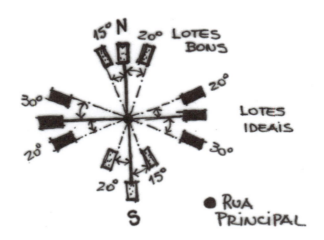

ILUSTRAÇÃO 10 – Algumas empresas loteadoras e imobiliárias no oeste australiano (clima diferente do nosso, mas ao sul do equador, portanto com a mesma orientação Norte favorável) sugerem que os melhores lotes para a construção de Casas Passivas são assim localizados.

Aclive ou declive

Outro fator que pode interferir na criação de sombras é a inclinação do terreno. Construir em **aclive** ao **norte** acarretará em grande sombra na parte **sul**, ou seja, na área que tenderá a ser mais úmida, com menos insolação no **verão** e sombra no **inverno**.

Já se pudermos optar por um **declive** ao **norte**, a sombra tenderá a ser bem menor.

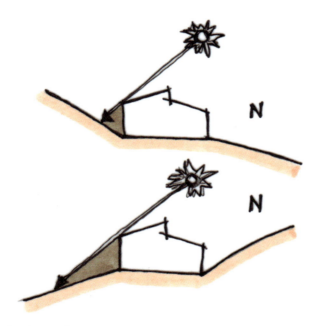

ILUSTRAÇÃO 11 – Esquema da projeção de sombras em terreno inclinado.

6

Evitando perda ou ganho de calor

Segundo o *Michaelis: moderno dicionário da língua portuguesa*:[1]

Emissividade

e.mis.si.vi.da.de *sf (emissivo+i+dade)* 1 Propriedade de ser emissivo. 2 *Fís*. Proporção entre a quantidade de calor irradiado pela superfície de um corpo dado e a de um corpo negro de superfície e temperatura idêntica, cujo poder de emissão serve de unidade.

Absortância

ab.sor.tân.cia *sf (ingl. absorptance) Ópt*. Fração do fluxo de energia irradiante, de comprimento de onda numa faixa estreita, que, incidindo numa superfície, é por ela absorvida.

Transmitância

trans.mi.tân.cia *sf (ingl. transmittance) Fís*. Fração da energia radiante que, penetrando uma camada de faces paralelas de um meio, consegue atravessá-la.

---

1 Disponível em: www.michaelis.uol.com.br/ Acesso em: 19 jul. 2012.

ENVELOPE

Em uma linguagem bem simples, chamamos de envelope a "estrutura" formada pelas paredes, portas, janelas, pelos telhados e pelo piso de uma construção e que separará o ar interno do ar externo.

Estabelecemos um envelope eficiente quando criamos uma "estrutura" capaz não só de manter dentro da residência todo o calor usado para aquecê-la, mas também evitar que o calor externo entre nos dias quentes, mantendo, assim, o interior das construções confortável no verão.

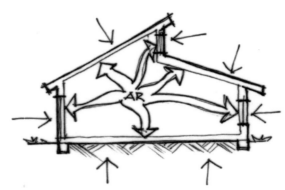

ILUSTRAÇÃO 12 – Representação esquemática de um envelope.

As correntes de ar e as infiltrações existentes nas construções podem ser responsáveis por até 25% da perda do calor dos ambientes nos meses frios. Chamamos de **thermal bridge** (ponte térmica) as juntas, os encaixes e as frestas que permitem essa "perda de calor".

Segundo diversos estudiosos, quando uma construção não é isolada termicamente e não possui um envelope adequado, as perdas por **thermal bridge** podem ser consideradas pequenas, já que as paredes, o telhado e piso serão responsáveis pelo maior volume de perda de calor. Contudo em uma construção com envelope e isolamento térmico, a **thermal bridge** será a responsável pela maior parte das perdas, pois constituirá a principal fonte de escape do calor.

Assim sendo, podemos dizer que **thermal bridge** serão os pontos onde o isolamento térmico não é contínuo. A existência dessas "frestas" ou pontos vulneráveis no isolamento térmico poderá ajudar a causar locais com umidade em diferentes partes da construção.

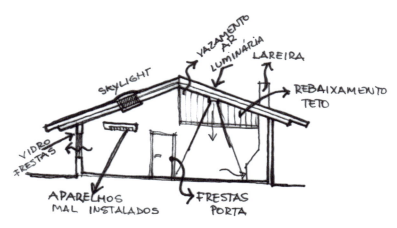

ILUSTRAÇÃO 13 – Representação esquemática de possíveis infiltrações que podem ocorrer e que devem ser evitadas quando da criação do envelope.

A aplicação de um envelope eficiente e a eliminação de **thermal bridge** são fundamentais no **Design Passivo** para climas extremos.

O envelope, como já foi explicado, engloba as paredes, as janelas, as portas, o telhado e o piso, e será eficiente se controlar corretamente o fluxo de energia para dentro e para fora da construção.

Portanto:

Os materiais escolhidos para as paredes e o telhado, bem como o tipo de janelas e portas, devem estar cem por cento adaptados ao clima local.

Paredes

As paredes externas compõem a área de maior contato com o exterior. Consequentemente, a escolha correta do material com o qual serão construídas e/ou revestidas é crucial para um envelope eficiente.

Vale relembrar que cada tipo de região terá necessidade de materiais diferentes, dependendo das condições climáticas locais.

ILUSTRAÇÃO 14 – cortes esquemáticos de paredes construídas com diferentes materiais (blocos simples, blocos duplos, tijolinho duplo com isolamento térmico, "brick veneer" e madeira/ weather board)

Tipos de paredes sugeridos pela NBR 15220-3 (Tabela C.2. e, no Anexo D, Tabela D.3.):

- **Zonas 1 e 2 – leves** – maioria das paredes compostas de tijolos de 4, 6 ou 8 furos e blocos cerâmicos de dois furos, assentados na menor dimensão, com argamassa de assentamento de 1,0 cm, argamassa de emboço de 2,5 cm e espessura final que pode variar de 14,0 cm a 19,0 cm.
- **Zonas 3, 5 e 8 – leve refletora** – opções de paredes de tijolos maciços (assentados na menor dimensão) ou com dois furos circulares, sempre com argamassa de assentamento de 1,0 cm, argamassa de emboço de 2,5 cm e espessura final de 15,0 cm ou 17,5 cm.

- **Zonas 4, 6 e 7 – pesadas –** paredes duplas de tijolos de seis ou 21 furos assentados na menor dimensão ou de tijolos de seis ou oito furos assentados na maior dimensão. Sempre com argamassa de assentamento de 1,0 cm, argamassa de emboço de 2,5 cm e espessura final de 26,0 cm a 46,0 cm.

CARACTERÍSTICAS DE PAREDES CONSTRUÍDAS COM OS MATERIAIS MAIS UTILIZADOS

Paredes de tijolos

- Esquentam devagar e retêm o calor absorvido por um longo período de tempo. Pode ser um problema em climas com longos períodos quentes.
- Isolamento térmico adicionado interna ou externamente às paredes ajudará a proteger o interior da construção contra a perda do calor interno ou contra o aquecimento dos ambientes em temperaturas extremas.
- Boa opção para climas quentes e secos com grandes oscilações de temperatura, pois tenderá a manter o interior da casa fresco durante o dia e mais confortável à noite, quando esfria "lá fora".

Paredes de tijolos, pedras ou blocos de concreto (tecnologia moderna)

- Com alta massa térmica, funcionam em climas com inverno rigoroso e verão quente.

Paredes de madeira

- São "leves", com baixa massa térmica, portanto não são indicadas para climas frios, caso em que deverá ser utilizado isolamento térmico eficiente.
- Ideal para os climas quentes e úmidos associado à ventilação cruzada.

Telhados

Parte importante do envelope, o telhado é a área de maior contato direto com o sol. Seu formato pode aumentar a eficiência da ventilação cruzada, bem como proteger da chuva em climas úmidos e permitir sombreamento maior em climas quentes.

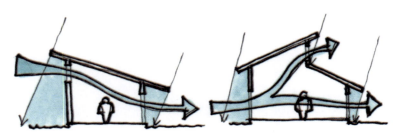

ILUSTRAÇÃO 15 – Corte esquemático onde a composição com telhado de uma água possibilita melhorar a ventilação cruzada.

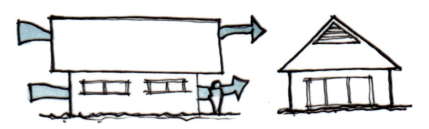

ILUSTRAÇÃO 16 – Vistas esquemáticas de telhado com abertura para ventilação.

EVITANDO PERDA OU GANHO DE CALOR

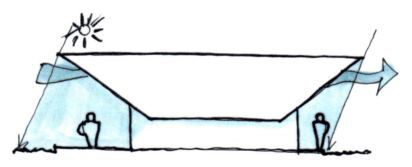

ILUSTRAÇÃO 17 – Vista esquemática na qual o telhado alto e com forte angulação protege da chuva e do sol e possibilita pé-direito bem alto e ventilação cruzada em abundância.

ILUSTRAÇÃO 18 – Vista de casa com telhado tradicional criando área de lazer externa protegida da chuva e do sol.

A definição do tipo de telhado dependerá bastante do clima da região, já que, conforme a situação, ele deverá:
- ser capaz de refletir o calor para fora da construção;
- evitar que a umidade da chuva penetre no envelope;
- evitar que o calor de dentro da casa escape por ele resfriando a construção no inverno;
- evitar que o calor externo passe por ele e aqueça os ambientes no verão.

Um importante ponto a considerar será a capacidade do material que compõe a cobertura, de "esfriar", ou seja, de exalar o calor absorvido pelo sol. Essa capacidade é denominada tecnicamente de emissividade.

Telhados metálicos têm baixa emissividade, portanto precisarão de bom isolamento térmico em climas quentes.

Não somente o material de que é feito o telhado será importante, mas também a cor de seu material de revestimento externo também poderá interferir consideravelmente em sua eficiência.

Quanto mais claro for o revestimento, mais sua superfície tenderá a refletir o calor do sol para o exterior do envelope.

Casas com telhas escuras, por exemplo, necessitarão de maior isolamento térmico para ser eficientes no verão e em dias quentes.

Portanto:
Quanto maior a emissividade do material utilizado em um telhado, mais eficiente ele será em climas quentes.

ILUSTRAÇÃO 19 – Exemplos esquemáticos de solução de isolamento térmico para telhado de telha e metálico no verão e inverno (resfriamento e/ou aquecimento passivo).

A estrutura do telhado poderá se relacionar com a parte interna da casa de diferentes maneiras. Cada uma delas deverá ter um tratamento térmico diferente conforme as necessidades do projeto.

O teto dos ambientes, quando existir, será parte importante do envelope. Poderá ser construído com laje de concreto, lajota pré-moldada, lajota de isopor (isolante térmico e acústico), madeira, gesso ou, ainda, muitos outros materiais. Cada solução necessitará de isolamento diferenciado.

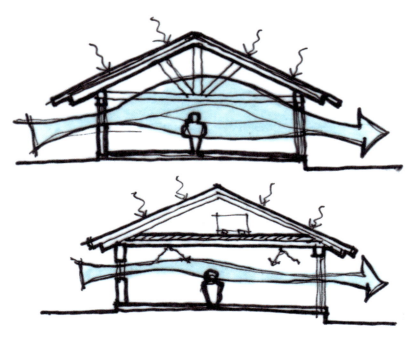

ILUSTRAÇÃO 20 – Os cuidados com o isolamento térmico para garantir um envelope que funcione serão diferentes, dependendo da solução de projeto adotada para o telhado.

Tratamento sugerido pela NBR 15220-3 (Anexo C, Tabela C.2 e Anexo D, Tabela D.4) no que se refere à zona climática:

- **Zonas 1, 2, 3, 4, 5 e 6 – leve isolada** – telha de barro ou fibrocimento. Algumas opções com lâmina de alumínio polido, mas sempre com forro de madeira.
- **Zona 7 – pesada** – telha de barro ou fibrocimento. Opções com lâmina de alumínio polido e sempre com laje de concreto de 20 cm a 25 cm.
- **Zona 8 – leve refletora** – telha de barro ou fibrocimento. Algumas opções com lâmina de alumínio polido, mas sempre com forro de madeira. Única zona com fator variante (ver NBR 15220-3, Tabela 23).

ALGUMAS CARACTERÍSTICAS DE TELHADOS COMUMENTE UTILIZADOS

Telha de barro

- Por ser porosa (telha sem esmalte), absorve a água das chuvas e da condensação. Essa característica ajuda a refrescar o ar armazenado sob ela, já que parte do calor armazenado pela telha será gasto para evaporar essa água retida em seus poros.
- Bastante eficiente em climas quentes.

Telhado de metal

- Não é eficiente em climas quentes sem a utilização complementar de isolamento térmico.
- Quanto mais claro, menos calor absorverá.
- Boa refletividade e baixa emissividade.
- Novas tecnologias estão aumentando sua eficiência energética.

Janelas e portas

O envelope de uma casa pode se tornar bastante vulnerável nas aberturas mais evidentes da construção, ou seja, onde existe um contato mais direto entre o exterior e o interior das construções.

Essa vulnerabilidade pode ser constatada em infiltrações (defeito de instalação ou qualidade das esquadrias) ou na abertura de portas e janelas (entrada de ar quente ou saída do ar quente interno).

Portanto:

As janelas e as portas serão as principais aberturas onde ocorrerão "troca de calor" com o exterior.

Evite vazamentos sob ou ao redor das portas, nas frestas das janelas e principalmente através dos batentes e esquadrias. Madeira e PVC tendem a ser "energeticamente" mais eficientes do que esquadrias de alumínio, pois estas podem transmitir o frio de fora para dentro da casa através do alumínio.

CONSIDERAÇÕES IMPORTANTES

Tamanho das aberturas

◆ Códigos de obras, normativas, etc. darão as dimensões mínimas para cada ambiente a fim de garantir boa qualidade e quantidade de ar e sol nos ambientes (salubridade).

Segundo sugestão da NBR 15220-3:

- *Para as zonas de 1 a 6, recomenda-se que as aberturas para ventilação tenham área equivalente de 15% a 25% da área do piso.*
- *Para a zona 7, esta área deve estar entre 10% e 15%.*
- *E para a zona 8, a área deve ser maior do que 40%.*

Qualidade das esquadrias e instalação

- Esquadrias de madeira simples podem ser danificadas com o tempo (chuvas e sol constante), favorecendo a troca de ar com o exterior da construção. As esquadrias metálicas podem não vedar bem ou ser mal instaladas, causando, assim, o mesmo problema.
- As esquadrias de PVC começam a ser um produto utilizado também no Brasil e tendem a ser de alta qualidade e também de alta eficiência térmica.

Independentemente do material, em localidades onde haverá necessidade de criar um bom envelope, as esquadrias devem **ser de boa qualidade**, devem ser corretamente instaladas e sempre mantidas em bom estado de conservação.

Tipos de janelas, portas e vidros

- **Película protetora:** torna os vidros mais eficientes, uma vez que pode bloquear quase a totalidade dos raios UV, diminuir a transmissão de calor para dentro do ambiente e mesmo sombrear algumas áreas. Não utilize este recurso em janelas ou portas da **face norte**.
- **Vidros duplos:** janelas com vidros duplos podem ter características tanto térmicas quanto acústicas, dependendo do tipo de vidro que forem usados. O isolamento térmico acontece graças à câmara de ar "hermeticamente selada" existente entre as chapas de vidros que impedem a transmissão do calor, mas permitem a passagem dos raios solares e da luz natural. Modelos de janelas mais eficientes podem apresentar "gases" (argônio ou xenônio) ou ainda vácuo entre os vidros.
- Versões com uma camada protetora (como a *solar reflective*, semelhante a um espelho) refletem até 70% do calor do sol. A **low-E glass** possui uma camada que irradia todo o calor de volta para dentro do ambiente, sendo ideal para climas bastante frios.

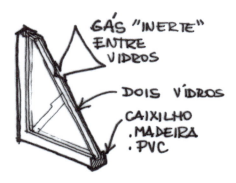

ILUSTRAÇÃO 21 – Exemplo esquemático de painel de janela com vidro duplo e gás para maior eficiência energética.

- Novas tecnologias vêm sendo desenvolvidas como, por exemplo, um tipo de filme (EnerLogic[2]) que pode acrescentar a uma janela normal as características térmicas de uma com "vidros duplos". Além das características térmicas, este tipo de filme apresenta características "ecológicas" e "sustentáveis".

As janelas e as portas para climas extremos **devem**, preferencialmente, apresentar vidros duplos. Esquadrias com vidros triplos já são utilizadas na Europa em regiões de climas extremamente frios, não sendo este o caso do Brasil.

Piso

A área do piso também é responsável por perdas e ganhos de calor.

Quando a laje de piso está em contato com o solo, ela está em contato com uma superfície provavelmente mais fria do que ela, portanto, há grandes chances de que seu calor seja "atraído" para o solo. Esse processo tenderá a resfriar a laje e, consequentemente, "roubar o calor" do ambiente e transferi-lo ao solo.

---

[2] Veja site http://www.enerlogicfilms.com.au, s/d. de acesso.

Construções com piso suspenso também poderão perder calor interno, já que o piso tenderá a trocar calor com o ar externo em contato direto com o piso.

Portanto:
Cada clima, cada tipo de construção, cada elemento construtivo do envelope merece cuidados especiais quanto ao isolamento térmico. Somente mediante uma análise detalhada será possível conseguir um envelope que funcione ou seja eficiente.

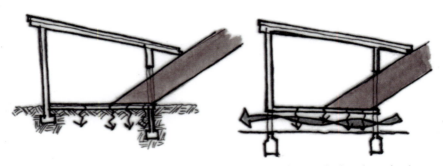

ILUSTRAÇÃO 22 – Exemplos esquemáticos de possível perda de calor pelo piso.

MASSA TÉRMICA

Este é um conceito que, à primeira vista, pode parecer um pouco complicado, mas, na realidade, não é tão complicado assim.

Um material possui massa térmica quando tem capacidade de absorver o calor incidente sobre ele e de liberá-lo quando a temperatura externa a ele for menor do que sua própria temperatura.

- A massa térmica é uma medida de capacidade volumétrica de aquecimento ($kJ/m^3/ºk$).
- Quanto mais denso for o material em questão, mais massa térmica ele terá.

- Materiais com boa condutividade elétrica tendem a ter melhor massa térmica.
- Quanto mais liso, brilhante e claro for o material, mais chances terá de refletir e absorver o calor incidente sobre ele, portanto menor será sua massa térmica.

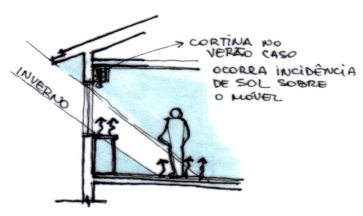

ILUSTRAÇÃO 23 – Exemplo de massa térmica também no mobiliário.

Utilização da massa térmica em uma construção

- A massa térmica deve ser aplicada no local onde o sol vai incidir diretamente ou próximo a uma fonte de calor, para poder absorver o calor irradiado por essa fonte.
- Massa térmica não é e nem pode ser confundida com isolamento térmico. A primeira retém o calor para depois liberá-lo. O segundo poderá impedir o calor de passar para dentro ou para fora de uma construção dependendo do tipo de isolante aplicado ao envelope.
- Em regiões com grande variação de temperatura durante um período de 24 horas, ou seja, com variações maiores do que 10 ºC, a utilização de materiais com alta massa térmica será fundamental.

- Em cidades com variação de temperatura (período de 24 horas) entre 7 °C e 10 °C, a utilização de massa térmica poderá superaquecer o interior das construções. Portanto, será necessário sombreamento, planejamento correto das aberturas, ventilação e isolamento térmico.
- Em regiões com variações menores do que 6 °C poderá não funcionar para o aquecimento passivo, pois a variação entre a temperatura mais alta e a mais baixa é muito pouca.
- Pode funcionar bem quando aplicada em paredes e pisos internos em regiões de clima mais frio, onde são utilizadas formas não passivas de aquecimento.
- Evite utilizar massa térmica em ambientes com pouca ventilação no verão ou com pouca exposição ao sol no inverno.

Em construções com mais de um pavimento:
- Para evitar que o piso superior superaqueça, a massa térmica deve ser utilizada no andar mais baixo.

Utilize a massa térmica dos materiais **sempre** em conjunto com o **Design Passivo** e em locais nos quais o sombreamento, o isolamento térmico e a ventilação sejam projetados em total concordância com as características climáticas do local.

EVITANDO PERDA OU GANHO DE CALOR

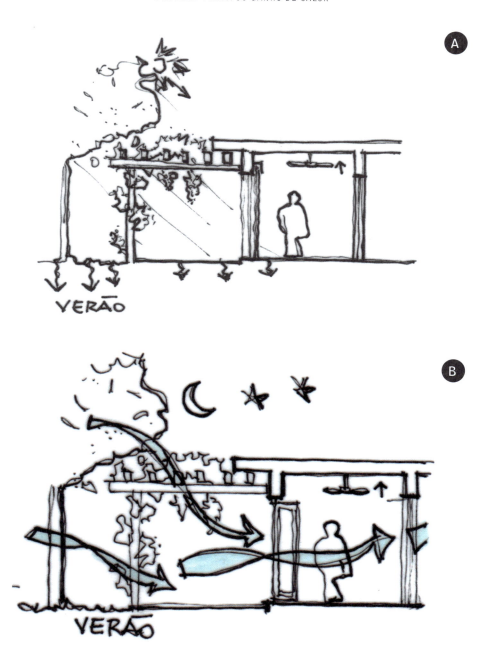

ILUSTRAÇÃO 24A e B – Exemplo de aplicação de massa térmica em conjunto com os conceitos do Design Passivo A e B no verão, C e D no inverno.

DESIGN PASSIVO

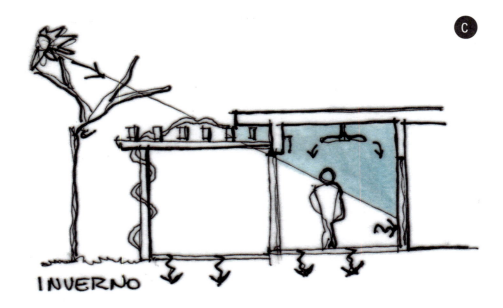

ILUSTRAÇÃO 24C e D – Exemplo de aplicação de massa térmica em conjunto com os conceitos do Design Passivo A e B no verão, C e D no inverno.

ISOLAMENTO TÉRMICO

Isolamento térmico não é a mesma coisa que desempenho térmico.

O **desempenho térmico**, de modo bem simples, está relacionado à capacidade do material de retardar a transferência de calor (inércia térmica).

A **inércia térmica** depende da quantidade de "massa" existente na construção. Quanto mais volume e mais espessa, maior massa e, portanto, maior inércia térmica.

O **isolamento**, como o próprio nome diz, deve "isolar" o calor, não permitindo que ele circule de dentro para fora ou de fora para dentro da construção.

Possíveis formas de transmissão de calor em uma construção

- **Condução:** transferência direta, quando um material toca o outro. O calor sempre irá da superfície mais quente para a mais fria e do modo mais curto e fácil que encontrar.
- **Convecção:** transferência do calor através de um gás ou líquido. O ar quente "sobe", portanto a maioria do calor transmitido será sempre de baixo para cima. Pode-se também utilizar ventilação forçada para transmitir calor por este meio.
- **Irradiação** (raios infravermelhos): a forma mais comum de transmissão de calor nas construções.

  Os raios, transportando calor, atravessam o ar em uma linha reta, encontram uma superfície que os absorve e, aí, sim, esquentam essa superfície que irradiam os raios infravermelhos em todas as direções.

  Os raios irradiados são refletidos por superfícies ou mesmo reabsorvidos e irradiados novamente.

  Todos os materiais, em uma edificação, transmitem calor por irradiação. O que muda é a quantidade de calor que cada material consegue emitir (**emissividade**).

- E, ainda, o calor pode ser "perdido" por **infiltração**: o ar entra ou sai do ambiente (ou do envelope) através de frestas que provocam "vazamento".

Portanto:

A função do isolamento térmico é evitar que essas formas de transmissão ou de perda ocorram e prejudiquem as condições térmicas dentro das construções, diminuindo, consequentemente, o conforto.

A escolha e a instalação do tipo de isolante térmico a ser utilizado devem ser feitas sempre levando em consideração:

- os elementos arquitetônicos em que será aplicado (parede, telhado ou piso);
- o tipo de isolamento necessário (de dentro para fora ou de fora para dentro);
- o clima da região.

A escolha e a instalação corretas são indispensáveis para atingir um envelope perfeito. Quando instalado incorretamente, o isolamento térmico pode causar efeito contrário ao desejado.

Portanto:

*O isolamento térmico deve ser utilizado **de forma integrada** às técnicas de **Design Passivo** para evitar superaquecimento, **principalmente** em áreas com ventilação inadequada.*

Além de garantir o isolamento térmico, o isolante poderá ainda ajudar a controlar problemas acústicos, de umidade e ainda evitar goteiras e infiltrações.

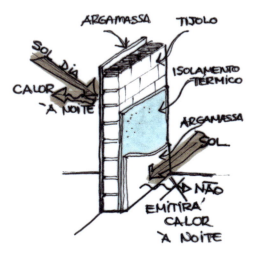

ILUSTRAÇÃO 25 – Isolamento de parede pode ser prejudicial se instalado erroneamente. Por exemplo, um isolamento instalado do lado de dentro pode prejudicar as propriedades favoráveis da massa térmica que seriam utilizadas para "aquecer" o ambiente no inverno.

Dicas:

- Isolamento **sob** as telhas reduz ganho de calor por irradiação.
- Isolamento **sobre** a laje para reduzir não somente o ganho, mas também a perda de calor de dentro da construção.
- Dependendo do tipo de isolamento térmico e de sua instalação no telhado, a temperatura dentro da construção poderá ficar até 7 °C acima da temperatura externa, o que pode ser muito conveniente em climas frios.

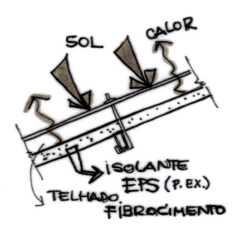

ILUSTRAÇÃO 26 – Exemplo esquemático de isolamento térmico junto às telhas para evitar que o calor entre na construção.

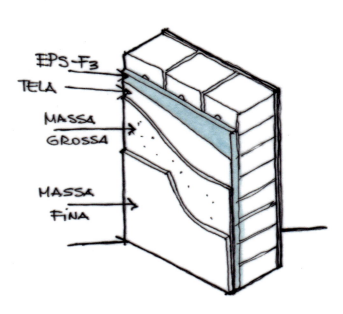

ILUSTRAÇAO 27 – Exemplo esquemático de isolamento térmico aplicado à parede externa da construção será bem eficiente em climas quentes (principalmente nas paredes de face oeste).

Os isolantes térmicos podem ser adquiridos em diferentes tamanhos e formas, além de serem feitos com a utilização de materiais diversos.

Sugestões da NBR 15220-3

Lâmina de alumínio polido (isolante reflexivo)

- Pode ser instalada em telhados novos ou que já existam.
- Encontrada em versões tramadas (mais resistentes) e em versões de manta com bolhas internas (por exemplo, **Thermo-foil**).
- Chega a impedir a transmissão de até 95% do calor do telhado para dentro da construção.
- Impede perdas de calor em dias frios, economizando nos gastos com resfriamento ou aquecimento não passivo.

Lã de vidro

- Pode ser aplicada em coberturas, paredes duplas, pisos ou lajes.
- Existe em diferentes espessuras e opções, como, por exemplo, o feltro de fibra de vidro wallfelt (para paredes, forros e drywall) e o feltro de fibra de vidro midfelt (para coberturas metálicas com sistema de telhas duplas).

Poliestireno expandido (EPS)

- Comumente conhecido no Brasil como isopor, pode ser encontrado em diferentes formas e tamanhos (para lajes, paredes, juntas de dilatação, etc.).
- Segundo a Associação Brasileira de Poliestireno Expandido (Abrapex), o produto final é inodoro, não contamina o ar, o solo ou a água, sendo 100% reciclável.
- Apresenta ainda baixo peso, absorção de água e condutividade térmica, além de fácil manuseio e resistência ao envelhecimento.

DESIGN PASSIVO

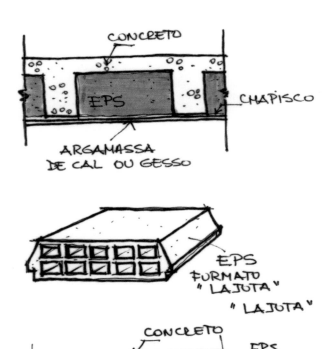

ILUSTRAÇÃO 28 – Exemplos esquemáticos de utilização de blocos moldados de EPS em lajes (fonte: www.isolandia.com.br, www.construlev.com.br, (s/d. de acesso).

Além dos materiais isolantes mencionados, existem ainda outras opções, como, por exemplo, o feltro de lã de rocha ou a lã de carneiro, esta última muito utilizada na Austrália.

EVITANDO PERDA OU GANHO DE CALOR

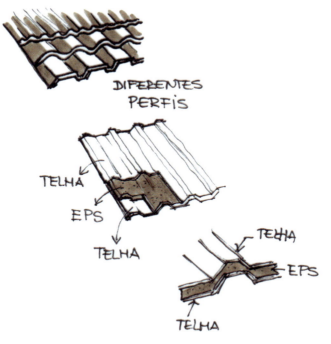

ILUSTRAÇÃO 29 – Exemplo de aplicação de EPS moldado em telhados com diferentes perfis (fonte: www.construlev.com.br, s/d. de acesso).

Portanto:
- *A pesquisa de novos materiais e **novas** opções é fundamental para se chegar à melhor solução custo-benefício.*
- *Cada caso **é um caso** que merece ser estudado detalhadamente para **então ser possível** a escolha do tipo de isolamento e instalação mais eficazes para se alcançar o conforto desejado.*

Dependendo das condições climáticas do local, também poderá ser necessário aplicar isolante térmico sob a laje para evitar que o calor interno seja transmitido ao solo.

Quando a construção tiver mais de um pavimento, existem opções de blocos para lajes em isopor. Esta solução é prática e eficiente no controle acústico e térmico, além de ser de fácil manuseio.

É sempre bom consultar um especialista em isolamento térmico para que a escolha final seja realmente a mais eficaz.

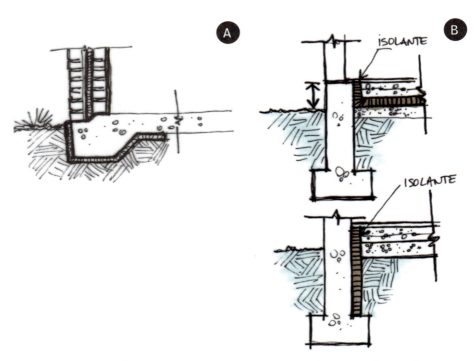

ILUSTRAÇÃO 30A e B – exemplos esquemáticos de algumas formas de isolamento de laje de piso. Dependendo do tipo de fundação e do clima, as técnicas mudarão bastante.

7

Aquecimento passivo

A radiação do Sol (**ondas curtas**) passa facilmente pelos vidros, é absorvida pelos materiais com massa térmica utilizados nos revestimentos internos e então é irradiada novamente em forma de **ondas longas**, aquecendo o ambiente.

As **ondas longas** irradiadas desses materiais não "escaparão" com facilidade através dos vidros como as ondas curtas. Elas serão "aprisionadas" dentro dos ambientes, aquecendo o ar. Esse princípio, **greenhouse/glasshouse**, é a base do aquecimento passivo.

O sol ilumina e aquece, portanto deve ser captado de modo a ajudar na "climatização" da casa e deve ser "bloqueado" quando aquecer os ambientes mais do que o necessário.

Na Europa, o Design Passivo procura garantir conforto em climas com temperaturas muitas vezes bem abaixo de 0 ºC. No Brasil, o sol está presente intensamente no verão, na maior parte do nosso continente. As regiões com clima muito frio são bem poucas e localizadas.

Logo, as características climáticas brasileiras apontam um controle térmico passivo de aquecimento restrito a poucas regiões.

Como já citado, a NBR 15220 sugere estratégias passivas de aquecimento dependendo do clima onde a construção será erguida. Nunca se esqueça de confirmar quais são essas estratégias para o projeto em questão.

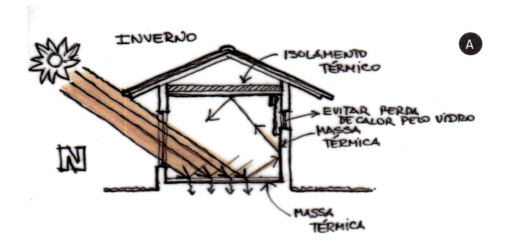

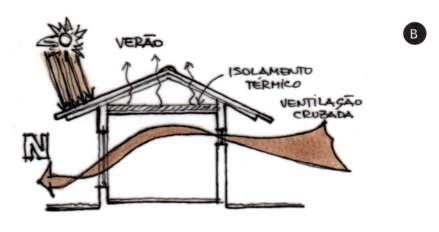

ILUSTRAÇÃO 31A e B – Esquema de incidência solar com aquecimento passivo para o inverno e para o verão.

Quando incidem diretamente sobre uma superfície, os raios solares esquentam os materiais e, consequentemente, esses materiais "exalarão" calor, contribuindo, assim, para o aquecimento dos ambientes (massa térmica).

Lembre-se, ainda, de que as pessoas também se aquecem com o Sol e, por isso, transmitirão mais calor para dentro dos ambientes onde estiverem.

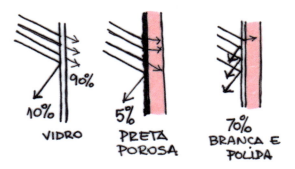

ILUSTRAÇÃO 32 – Efeito da incidência de radiação solar em diferentes superfícies.

PRINCIPAIS GANHOS DE CALOR EM UMA RESIDÊNCIA

Segundo alguns autores, podemos dizer que os ambientes se aquecem através do calor que entra pelas janelas, piso, paredes e forro.

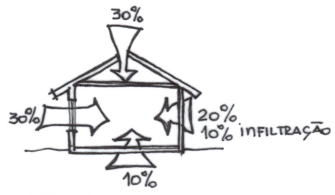

ILUSTRAÇÃO 33 – Esquema dos possíveis ganhos de calor.

No aquecimento passivo, o calor não será somente bem-vindo, mas deverá ser retido dentro da construção.

Já no resfriamento passivo, ele deverá ser evitado e controlado com a utilização de sombreamento ou isolamento térmico (que pode reduzir até 60% dos ganhos de calor).

O SOL NECESSÁRIO

As janelas e aberturas externas devem ser projetadas de modo a contribuir com o conforto na habitação, sempre levando em conta o ângulo de incidência do sol no **verão** e no **inverno**.

A eficiência da abertura está diretamente relacionada com:

- **A sua localização na parede** – Estudar **cautelosamente** as diferentes opções para permitir que o sol entre nos ambientes mais frios pode ajudar na personalização do projeto com soluções mais criativas e diferenciadas.

ILUSTRAÇÃO 34 – A entrada de sol facilitada por janelas estrategicamente posicionadas.

AQUECIMENTO PASSIVO

- **Dimensões** – Controlando a altura e a largura das aberturas das janelas e das portas poderemos tornar a captação solar muito mais eficiente num projeto.

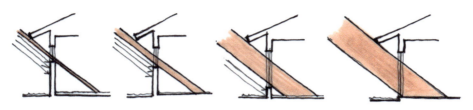

ILUSTRAÇÃO 35 – Exemplo da entrada dos raios solares com o mesmo ângulo de incidência de inverno em aberturas de diferentes alturas.

- **Formato** – Diferentes composições podem criar diferentes soluções e maior possibilidade de captação solar no **inverno**.

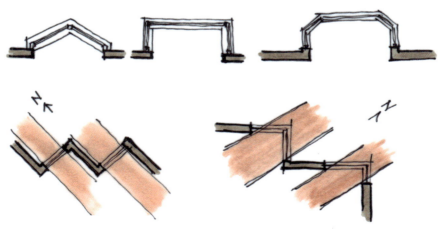

ILUSTRAÇÃO 36 – Exemplo de alguns tipos de composição de janelas de diferentes formatos visando maior captação de raios solares.

CLARABOIAS (SKYLIGHT), JANELAS ALTAS E TELHADOS DE VIDRO

Esta é uma opção bastante eficiente para levar o sol aos ambientes onde ele não alcança.

Estrategicamente posicionadas, elas podem ser bastante eficientes na captação do sol, além de ser de grande ajuda no aquecimento passivo, podendo ser utilizadas para que os raios solares alcancem massas térmicas estrategicamente posicionadas, facilitando, assim, a propagação de calor pela casa.

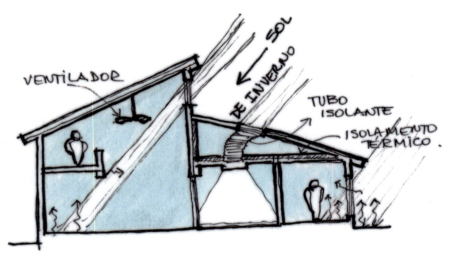

ILUSTRAÇÃO 37 – Exemplo esquemático de janela alta permitindo acesso dos raios solares à parte sul da casa e de claraboia com o tubo de acesso externo termicamente isolado.

Observe que:
- voltadas para o **norte** (Equador), deixam entrar bastante luz e raios solares no **inverno**, mas podem ser um grande problema no **verão**, quando precisarão ser "cobertas" durante o dia. Alguns fabricantes de skylights fornecem opções de sombreamento já integradas à janela, porém, dependendo do clima, o calor transmitido pode ser realmente um problema;

AQUECIMENTO PASSIVO

REGRAS APROXIMADAS E BEM SIMPLES QUE PODEM SER UTILIZADAS COMO REFERÊNCIA EM PROJETOS MENOS COMPLEXOS:

A. Para cidades com **latitudes maiores ou iguais a 27°05'S**, ou seja, a **sul** de Florianópolis (27°35') – Porto Alegre, por exemplo, fica a 30°01'S (verificar as latitudes no site http://www.climate-charts.com) – considerar a profundidade do beiral igual a 45% da altura do peitoril à parte mais baixa do beiral, desde que o início da janela não comece na mesma altura do beiral, mas, sim, diste pelo menos 30% da altura total H.

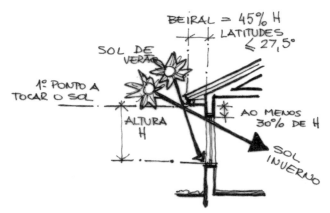

ILUSTRAÇÃO 38 – Localização das medidas utilizadas.

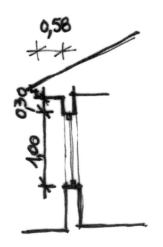

ILUSTRAÇÃO 39 – Exemplificando, para uma janela de 1,00 m de altura e 0,30 m de espaço entre a janela e o beiral, teremos um beiral de aproximadamente 1,30 x 0,45 (45%) = 0,58, ou seja, 60 cm.

DESIGN PASSIVO

Começar o beiral exatamente sobre a janela criará uma área do vidro "sempre na sombra", o que será totalmente contra os princípios passivos. O ar quente que for mantido dentro do ambiente tenderá a escapar por essa parte "sempre fria" da janela. Portanto, procure respeitar a distância mínima de 30% (da altura total H) do início do beiral à parte superior da janela.

B. Para **latitudes abaixo de 27°05'S** – Curitiba, por exemplo, fica a 25°25'S e São Paulo a 23°30S – deveremos analisar bem as características climáticas. Para climas quentes, próximos ao **Equador**, onde não há necessidade de aquecimento passivo no **inverno**, a construção de grandes varandas pode ser a melhor opção de sombreamento.

Quando o aquecimento passivo é necessário, uma forma mais simples para determinar o tamanho do beiral pode ser a utilização dos ângulos de solstício de verão e inverno.

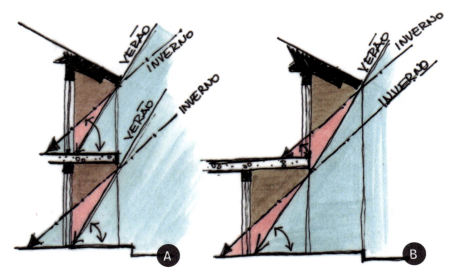

ILUSTRAÇÃO 40 – (A) Exemplo de sombreamento através da utilização de laje (marquise)/beiral e (B) utilizando o recuo da parede externa.

AQUECIMENTO PASSIVO

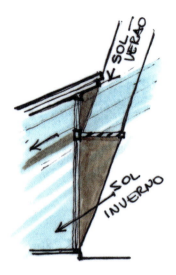

ILUSTRAÇÃO 41 – Exemplo esquemático de composição de sombreamento em "parede de vidro" que permite o total aproveitamento da entrada do sol no Inverno

Observação: existem, como já expliquei, cálculos apropriados para identificar a correta profundidade do beiral em todas as faces da construção. O método explicado é bastante simples, devendo ser utilizado somente em projetos pouco elaborados. Em um projeto passivo, sempre verifique se o tamanho do beiral está protegendo a abertura quando o sol incide sobre ela com o ângulo do solstício de verão.

Em **climas quentes e úmidos o ano todo**:
- Uma boa opção poderá ser estender o beiral como uma grande varanda em todo o perímetro da construção, sombreando as aberturas o dia todo. Nesse caso, a casa pode se tornar escura. Utilizar claraboias ou janelas altas também sombreadas poderá ajudar a dar luz e ventilar a casa ao mesmo tempo.

DESIGN PASSIVO

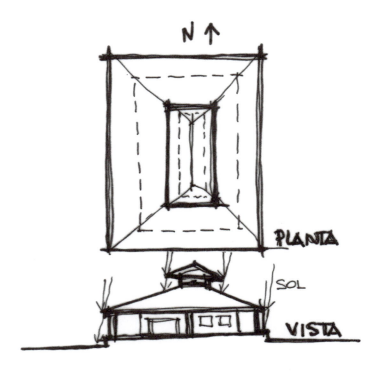

ILUSTRAÇÃO 42 – Exemplo esquemático de planta e vista de construção com varanda em todas as laterais e iluminação por janelas altas.

Em **climas com verão quente e inverno frio**:
- Evite varandas profundas em qualquer uma das faces, pois poderão bloquear o sol tão necessário no inverno.

VEGETAÇÃO
- Permitem sombreamento e ventilação ao mesmo tempo.

Princípio bastante simples:
*Utilizar plantas e/ou árvores que perdem as folhas durante o **inverno** para sombrear as aberturas durante o **verão**.*

AQUECIMENTO PASSIVO

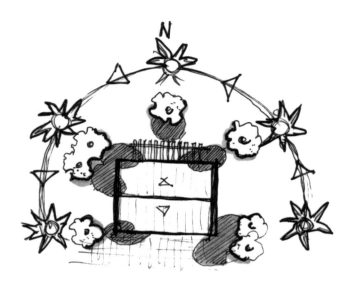

ILUSTRAÇÃO 43 – Exemplo esquemático de possível projeção de sombras de árvores durante o trajeto do sol no verão.

Árvores grandes e altas

Podem ser utilizadas para sombrear o telhado e, assim, ajudar a diminuir o calor que incide sobre ele, já que esta superfície é a que mais esquenta com o sol.

Árvores de menor porte

Podem ser plantadas para proteger janelas e paredes externas onde incide muito sol.

Se plantadas para proteger a **face norte** em climas que utilizarão resfriamento passivo, devem ser do tipo decídua (perdem as folhas no **inverno**).

Arbustos

Podem ajudar, em climas quentes, na proteção direta de janelas a **sudoeste** e a **sudeste**, já que o sol chega mais baixo no **verão** nas janelas que faceiam essas direções.

Quanto mais "compacto" for um arbusto, menos vento circulará entre suas folhas, mas poderá evitar que mais poeira e areia chegue à casa.

Gramados e jardins

São bastante recomendados em climas muito quentes no **verão** para revestir as áreas externas onde bate o sol forte.

Outros revestimentos de piso podem aquecer consideravelmente e irradiar o calor para a construção.

A melhor forma de escolher quais plantas e árvores utilizar é "olhar ao redor" e verificar quais "vão bem" no clima e na região onde se localiza a casa.

Entre as possíveis opções, escolha as que apresentarem as características desejadas para o sombreamento necessário do ambiente.

Escolher plantas locais é mais econômico, mais eficiente e mais sustentável.

Distância até a parede	Altura sugerida para a árvore
2 m	3,0 m
3 m	3,5 m
4 m	4,0 m
5 m	4,5 m
6 m	5,0 m

AQUECIMENTO PASSIVO

ILUSTRAÇÃO 44A e B – Sugestão para a altura da árvore dependendo da distância em que será plantada, e vice-versa.

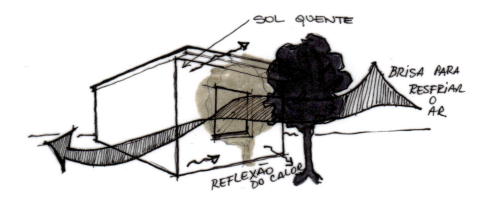

ILUSTRAÇÃO 45 - Para a proteção externa de janelas a utilização de vegetação é uma das melhores opções. Permitirá a circulação do vento, ajudando a afastar o ar quente emanado pelas paredes externas dos ambientes internos.

BRISE-SOLEIL

Denominação francesa para "quebra-sol". Pode ser de madeira, PVC, metal, concreto, etc.

Instalado na fachada de uma construção, pode ser horizontal ou vertical, fixo ou móvel e visa proteger do sol sem prejudicar a circulação do ar.

Existem empresas especializadas no projeto "perfeito" de **brises** que sombreiem as janelas e as portas precisamente, ou seja, somente quando não queremos a entrada do sol, o que torna esta opção bastante eficiente.

O recurso dos **brises** tem sido bastante utilizado e pode adicionar às fachadas interesse e criatividade.

AQUECIMENTO PASSIVO

Foto 1 – Diferentes opções de brise-soleil fixas e móveis contribuem para uma fachada criativa e eficiente. (Fremantle, WA, Austrália)

Foto 2 – Opções de brise-soleil mecanizado (baixo consumo) e fixo que permitem controlar totalmente a incidência do sol e consequentemente melhorar a eficiência energética da construção.

PÉRGULAS

Uma opção conhecida e que pode ajudar a criar atmosferas aconchegantes, as pérgulas podem alcançar índices de grande eficiência no sombreamento dos raios de sol indesejáveis.

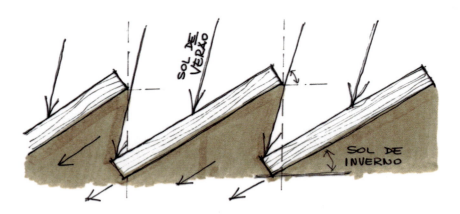

ILUSTRAÇÃO 46 – Exemplo esquemático de secção de pérgula com correto alinhamento das traves segundo os ângulos da incidência solar no verão e no inverno. A pérgula solar pode aumentar consideravelmente a eficiência do sombreamento e da insolação necessária.

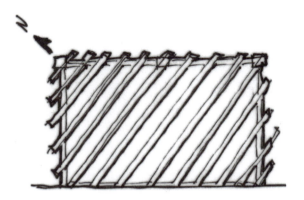

ILUSTRAÇÃO 47 – Vista aérea de pérgula. Manter o norte como referência para o alinhamento das traves da pérgula pode aumentar sua eficiência.

Alguns "pequenos" detalhes construtivos:

🔥 Podem ser construídas com as travessas em ângulo de 90º ou segundo os ângulos de incidência solares no **verão** e no **inverno** (pérgula solar).

🔥 Nas **faces norte** podem ser utilizadas plantas que gerem sombra, mas deverão ser do tipo que perdem as folhas no **inverno** (decíduas).

🔥 Plantas que não perdem as folhas no **inverno** devem ser usadas somente em climas muito quentes.

ILUSTRAÇÃO 48 – Além de criar uma atmosfera bastante agradável, a eficiência do sombreamento pode ser incrementada através da instalação, entre os pilares com "face norte", de painéis laterais de treliças com plantas decíduas. Proteção durante os meses do verão e inverno, o sol estará garantido.

🔥 Tecidos, telas, cana-da-índia ou palha como cobertura será uma opção menos eficiente e mais trabalhosa, já que a cobertura deverá ser colocada sobre a pérgula no **verão** e retirada no **inverno**.

PERSIANAS

Podem ser instaladas de diferentes maneiras e para diversas funções.

Têm sido bastante utilizadas como um tipo de brise-soleil em varandas. Permitem flexibilidade de posicionamento garantindo vistas e, principalmente, conforto.

O controle das lâminas horizontais acrescenta maior privacidade, sombreamento e direcionamento de ventos e brisas.

Foto 3 – Persianas de correr para ambos os lados da parede e com lâminas horizontais reguláveis podem ser uma excelente opção como neste projeto em Fremantle, WA, Austrália.

TOLDOS E MARQUISES

Quando escolhidos corretamente, são uma boa opção de sombreamento no **verão**.

Prefira as cores claras para que não esquentem muito no contato direto com o sol.

As opções que permitem maior ventilação entre o vidro e o toldo são mais eficientes.

Uma opção bastante interessante é a utilização de toldos removíveis (sails) feitos de material resistente aos raios UV e que permitem uma ventilação muito boa.

AQUECIMENTO PASSIVO

ILUSTRAÇÃO 49 – Exemplo esquemático de toldo mais e menos eficiente.

Foto 4 – Nesta solução toldos removíveis foram utilizados para proteger da incidência solar intensa do verão (Rockingham, WA, Austrália).

Marquise horizontal instalada sobre uma janela da face **norte** funcionará mais eficientemente se considerarmos a regra: "acrescente ao seu comprimento duas vezes a sua largura".

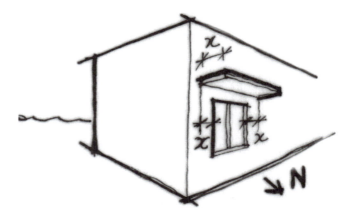

ILUSTRAÇÃO 50 – Exemplo esquemático de tamanho de marquise/toldo horizontal.

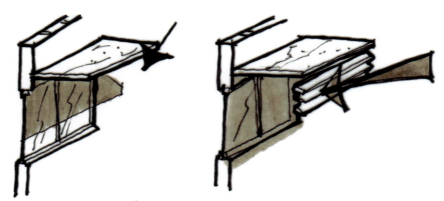

ILUSTRAÇÃO 51 – Às vezes pode ser necessária a junção de duas soluções para conseguir barrar completamente o sol.

Foto 5 – Pela precisão das sombras projetadas, vê-se que as marquises foram projetadas para obter o máximo resultado. (Rockingham, WA, Austrália).

CORTINAS

É com certeza uma das opções menos eficientes de sombreamento, pois, quando "barra" o sol, ele "já entrou" dentro do ambiente.

Prefira para a sua confecção materiais de cores mais claras, pois quanto mais escuros, mais calor armazenarão.

Utilizar bandô ou cortineiro poderá evitar que o ar quente entre no ambiente.

DESIGN PASSIVO

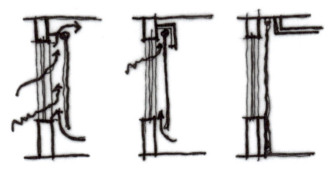

ILUSTRAÇÃO 52 – Proteção de bandô ou "cortineiro" ajuda a evitar dissipação do ar quente para dentro do ambiente no verão e a perda de calor interno no inverno. Cortinas longas também podem ajudar em climas com dias muito quentes.

PELÍCULAS E FILMES

Vidros transparentes simples podem permitir a entrada de até 87% da irradiação solar.

No aquecimento passivo devemos permitir que os raios solares entrem, mas não "superaqueçam" os ambientes.

A instalação de película ou filme refletor pode reduzir até 60% da transmissão de calor comparado aos vidros comuns. Entretanto, lembre-se de que precisamos dos raios solares no **inverno**.

Portanto:
- *Utilizar vidros com película refletora não é recomendado nas janelas de face **norte**, pois irão refletir o calor do sol não só no verão como também no inverno.*
- *As películas são indicadas para as janelas que se encontram nas faces oeste ou leste da construção, quando estas recebem muito sol em climas quentes.*

As janelas com vidros duplos podem ser uma boa opção para climas muito quentes no verão e muito frios no inverno, já que possuem melhor resistência térmica, deixando escapar menos frio no inverno e não superaquecendo o ambiente no verão.

Regra geral:

Quanto mais afastado da construção mantivermos o sol, mais eficiente tenderá a ser o sombreamento dos raios solares.

Observação:

Proteções instaladas "dentro" dos ambientes são as menos eficientes, pois o sol já "terá entrado" no ambiente quando for "barrado".

LOCALIZAÇÃO NO TERRENO OU LOTE

- Estude o movimento do Sol e "ache" o **norte**.
- Verifique a vegetação local e como ela poderá interferir no **sombreamento** desejado.
- Faça um levantamento das sombras causadas por edificações próximas.
- Verifique a existência de lagos, rios ou mar próximos do projeto e como eles poderão ser utilizados no **resfriamento passivo**.
- Analise em que momento e de onde vêm as brisas frescas (que serão utilizadas) e as brisas quentes (que deverão ser evitadas).

Para o aquecimento passivo:

Procure manter a maior área de parede externa da construção voltada para o norte; assim será maior a possibilidade de aberturas para a entrada do sol durante o inverno.

LAYOUT

O aquecimento passivo, como já observado, será mais facilmente atingido se conseguirmos manter a maioria dos ambientes com aberturas para a **face norte**. O layout com uma solução de planta mais "comprida", ou seja, mais alongada poderá ser mais eficiente.

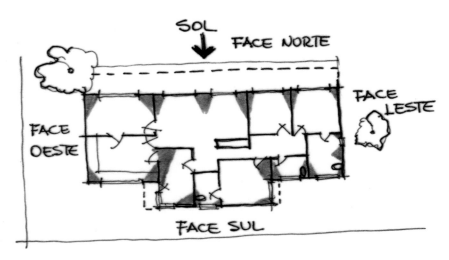

ILUSTRAÇÃO 53 – Exemplo esquemático de planta favorável ao aquecimento passivo.

Distribuir os ambientes em linha não é muito simples, uma vez que a maioria dos terrenos não é favorável a esse tipo de distribuição.

Portanto, uma opção será priorizar os locais que devemos aquecer "mais", ou seja, quais os ambientes que serão mais utilizados durante o dia e que "merecem" estar mais aquecidos naturalmente e, consequentemente, gastando menos energia elétrica.

Deveremos aquecer a casa, mas não "superaquecê-la".

AQUECIMENTO PASSIVO

Em **climas muito quentes**, evite posicionar janelas ou portas de vidro para **oeste** e **leste**, já que essas aberturas proporcionariam muita entrada de calor durante os meses de **verão**.

- Dormitórios precisam de aquecimento somente durante a manhã, quando acordamos ou à noite, quando é fácil adicionar cobertores e cobertas; portanto não precisam do sol durante o dia para o aquecimento passivo. A **face leste** pode ser a mais favorável em climas mais frios, pois terá o sol da manhã. **Cuidado:** alguns dormitórios também poderão ser bastante utilizados durante o dia. Nesse caso, seu posicionamento deve ser reavaliado para que seja alcançado um aquecimento passivo eficiente também durante o dia.
- As áreas de serviço ficarão mais bem posicionadas a sudeste, sul ou sudoeste, desde que não bloqueiem as brisas importantes para o resfriamento passivo. Em **climas quentes**, a cozinha ficará bem posicionada ao sul, já que tende a ser "por princípio", o ambiente mais quente da casa.
- Quando for possível e o terreno permitir, a garagem poderá ser utilizada como "proteção" ou mesmo sombreamento de áreas externas. Posicionada a **oeste**, poderá evitar que o sol incida sobre a parede lateral externa e esquente os ambientes internos.

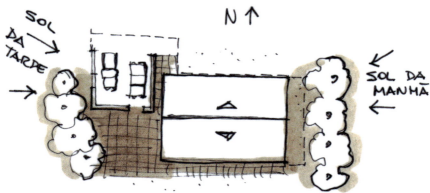

ILUSTRAÇÃO 54 – Exemplo esquemático de possível localização de garagem para ajudar no sombreamento externo.

PISO EXTERNO

O material que irá revestir o piso da área externa perto da construção também terá forte influência no calor que será "criado" ao redor da casa e, consequentemente, irradiado para dentro dos ambientes.

- 🔥 Gramados são mais "frescos", absorvem grande parte do calor, sendo ideais para as **faces leste**, **norte** e **oeste** (que podem receber muito sol em climas quentes no **verão**)
- 🔥 Concreto possui grande massa térmica, por isso aquecerá bastante a área onde for instalado. O calor será "exalado" quando a temperatura do ar externo diminuir.
- 🔥 Revestimentos escuros (ardósia, concreto pintado, etc.) poderão reter muito calor quando diretamente expostos ao sol.

ILUSTRAÇÃO 55 – Corte esquemático mostra a reflexão do calor para dentro dos ambientes quando incidente em materiais com massa térmica instalados próximo à casa. Já o gramado tende a dissipar o calor.

CONSTRUÇÕES COM DOIS PAVIMENTOS

- Utilize massa térmica no piso inferior e isolamento térmico eficiente no pavimento superior.
- Instale portas para separar um piso do outro, criando setores e evitando assim que no inverno o calor "suba", abaixando a temperatura do piso inferior, e que no verão o piso superior superaqueça.
- Evite muitas janelas e portas externas no piso superior. Quando necessário, utilize portas e janelas eficientes (vidros duplos, caixilhos de boa qualidade, etc.).
- Evite a utilização de vidros fixos nas aberturas do piso superior, pois poderia ajudar no inverno, mas ser totalmente inadequado no verão (superaquecimento).

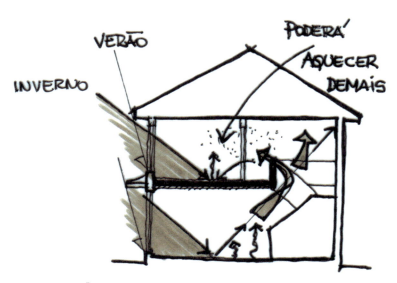

ILUSTRAÇÃO 56 – Corte esquemático de uma casa com dois andares. No inverno o andar superior poderá superaquecer se for utilizada massa térmica no piso. A instalação de ventilador de teto ajudaria a mandar para baixo parte do ar quente que subisse. Isolamento adequado da laje de piso superior também será fundamental para controlar o conforto interno no verão e no inverno.

- Instale ventiladores de teto para ajudar a movimentar o ar quente e mandá-lo do pavimento superior de volta ao piso térreo.
- Em climas frios, prefira os quartos no piso superior (mais quentes no inverno).

SETORIZAÇÃO INTERNA

A utilização de portas internas que separe a casa em diferentes setores será de grande ajuda no **aquecimento passivo**. Com a setorização, o calor terá menos chance de "escapar" dos ambientes quando as portas forem mantidas fechadas. A quantidade de calor dentro dos ambientes também poderá ser mantida de modo eficiente, já que alguns espaços não precisarão estar constantemente aquecidos.

Já no **resfriamento passivo**, manter aberta ou fechada cada porta interna irá alterar e redirecionar a **ventilação cruzada**, tão fundamental para o resfriamento. Assim poderemos "forçar" a circulação do vento numa determinada direção, beneficiando dessa forma os ambientes que dela necessitem.

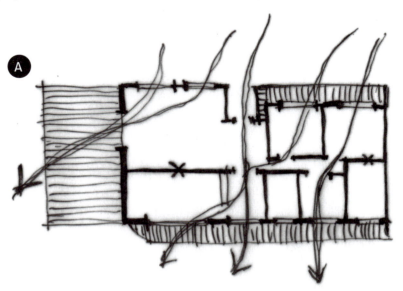

ILUSTRAÇÃO 57A: Exemplo esquemático de circulação cruzada alterada segundo a abertura ou fechamento de portas.

AQUECIMENTO PASSIVO

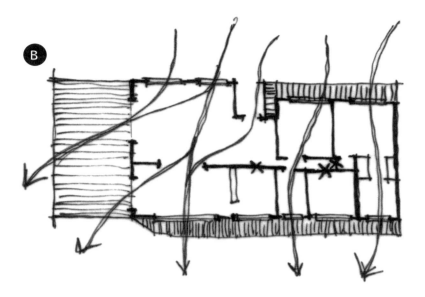

ILUSTRAÇÃO 57B: Exemplo esquemático de circulação cruzada alterada segundo a abertura ou fechamento de portas.

VENTILADOR DE TETO

Os ventiladores de teto não servem somente no **verão**. No **inverno** também devem ser acionados para ajudar a movimentar o ar quente que se acumula no teto dos ambientes. O movimento das hélices forçará o ar quente, junto ao teto, para baixo, ajudando no aquecimento por convecção (o movimento das hélices no **verão** e no **inverno** são diferentes).

ILUSTRAÇÃO 58 – Exemplo de construção com isolamento térmico no teto, massa térmica nas paredes e piso com utilização de ventilador de teto para forçar o ar quente a movimentar-se evitando que se acumule junto ao forro e se dissipe pela janela alta.

MASSA TÉRMICA

Como já explicado no capítulo 6, no item "Massa térmica", no aquecimento passivo é importante que materiais com massa térmica sejam instalados onde o sol incida diretamente.

Lembre-se:
*É recomendado que as paredes e o piso dos ambientes com aberturas para a **face norte** sejam executados ou revestidos com materiais de alta massa térmica.*

Já a parte da casa que tem aberturas para a **face sul** deve receber materiais de baixa massa térmica e isolamento térmico adequado, pois a quantidade de sol é pouca ou nenhuma. A massa térmica, neste caso, absorveria o pouco de calor que entrasse no ambiente.

AQUECIMENTO PASSIVO

Lembre-se:
Correntes de ar tendem a "esfriar" os materiais.

ISOLAMENTO TÉRMICO

No aquecimento passivo, o isolamento térmico deverá ser incorporado para manter o calor solar que entrou na casa.

- Como já detalhado no capítulo 6, no item "Isolamento térmico", a **NBR 15220** sugere algumas diretrizes para os diferentes climas brasileiros.
- Dependendo **do clima** e do material do telhado escolhido, use o isolamento apropriado para torná-lo eficiente.
- Quanto mais próximo do forro o isolamento estiver, melhor será para o aquecimento passivo.
- O isolamento térmico do sótão, o espaço vazio do teto, é **fundamental** para o aquecimento passivo.
- Isolamento térmico nas paredes externas pode ajudar bastante no conforto térmico de uma habitação.

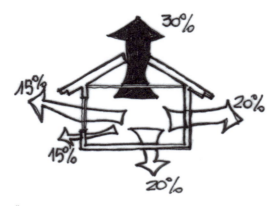

ILUSTRAÇÃO 59 – Esquema de possíveis perdas de calor. Alguns autores chegam a considerar até 35% as perdas pelo telhado e, às vezes, as infiltrações responsáveis por 15% são incorporadas às perdas pelas paredes, elevando esse índice a 35%.

O isolamento térmico do piso poderá ser fundamental:

- Em **climas frios a muito frios:** sob o piso suspenso, nas extremidades da laje diretamente no terreno (radier) ou mesmo sob ela. Normalmente as fundações não necessitam de isolamento térmico.
- Em **climas temperados:** nas extremidades da laje quando houver aquecimento de piso.
- Em **climas mistos:** quando o piso for suspenso, fechar as aberturas da estrutura suspensa ajudará a evitar perda de calor através da laje de piso.

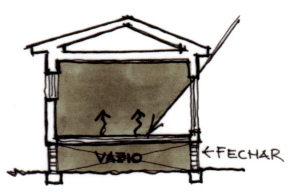

ILUSTRAÇÃO 60 – Corte esquemático de casa com piso suspenso e vedação lateral dos pilares para evitar que o calor interno escape em dias frios.

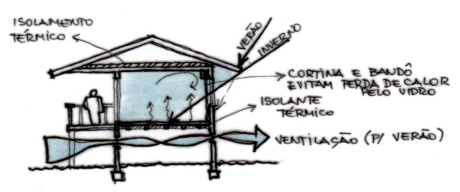

ILUSTRAÇÃO 61 – Corte bastante esquemático de casa com piso suspenso e isolante térmico, bandô na cortina, isolante térmico no teto e ventilação para ajudar a esfriar o piso em dias muito quentes.

SOLUÇÕES ESPECIAIS

ILUSTRAÇÃO 62 – Massa térmica no piso interno, toldo para bloquear sol do verão e parede sul "semi enterrada" pode ajudar a forçar a ventilação cruzada no verão.

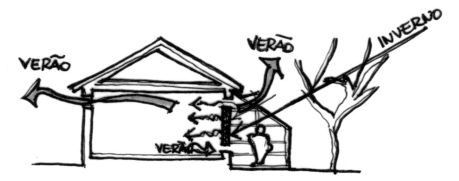

ILUSTRAÇÃO 63 – A construção de uma "estufa" de vidro protegida do sol do verão por árvores e plantas decíduas pode ajudar bastante a aquecer a casa no inverno. Abertura na parte inferior e superior da parede externa ajudará na circulação cruzada nos dias quentes.

DESIGN PASSIVO

ILUSTRAÇÃO 64 – Parede de Trombe é bastante utilizada em climas frios. Uma parede de vidro é construída paralela à parede externa da casa. Aberturas junto ao piso e junto ao teto forçam a circulação do ar quente para dentro do ambiente. No verão o ar quente poderá ser "expelido" do interior da casa através de abertura na parte superior do vidro.

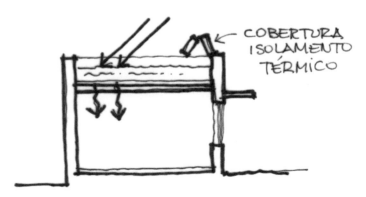

ILUSTRAÇÃO 65 – Menos comum, mas que também pode ser eficiente dependendo das características do clima local, é o aquecimento do interior da casa por um sistema de "tanque de água". Durante o dia o sol esquenta a água. Coberta com isolante térmico durante a noite, o calor será irradiado para o teto e, consequentemente, para dentro do ambiente. Em dias quentes, protegendo a água do sol durante o dia, ela tenderá a absorver o calor de dentro da construção. À noite deve ser descoberto, assim "esfriará" a água e também o ambiente.

Dicas importantes:

- Como o **aquecimento passivo** visa aquecer com baixo consumo energético, o usuário da residência deverá participar do processo gastando "sua energia pessoal" em benefício dos ambientes da casa.

Pela manhã:

- Precisamos do sol: abra cortinas e proteções de sombreamento para permitir que o sol entre nos ambientes.
- Feche o vidro das janelas para evitar que o vento leve embora o calor do sol.
- Retire possíveis tapetes que cubram o material do piso (massa térmica) para permitir que o sol incida sobre ele e o aqueça.

À tardezinha:

- Feche as cortinas, as persianas e as proteções das janelas e das portas para que o calor de dentro dos ambientes não escape pelos vidros (o lado de fora estará mais frio).
- Mantenha sempre as portas fechadas para manter o calor dentro dos diferentes ambientes (setorização).
- Evite correntes de ar que possam levar o calor exalado pelos materiais com massa térmica para fora da construção.

RESUMO

- Facilitar a entrada de maior quantidade de sol possível dentro dos ambientes.
- Escolher a orientação correta para melhor captação do calor solar no inverno (a parede mais longa deve estar voltada para o **norte**).
- Utilizar corretamente vidros e sombreamento para as aberturas.
- Não utilizar filmes protetores nos vidros de **face norte**.
- Layout da construção adequado e que favoreça o aquecimento das áreas de maior permanência.
- Ventilador de teto.
- Dimensionamento, modelo e posicionamento adequados de janelas (de 15% a 20% da área do piso) e portas.
- Envelope e isolamento térmico apropriados (eliminando perdas por infiltração).
- Utilizar materiais, nas paredes internas e nos pisos, que retenham mais o calor durante o dia e o liberem devagar à noite, ou seja, materiais que tenham **massa térmica** como, por exemplo, pedra, concreto ou alvenaria.

8

Resfriamento passivo

É a forma mais econômica, sustentável e ecológica de resfriamento de um ambiente, pois não utiliza energia elétrica, mas, sim, os ventos existentes na região.

O movimento do ar tem a capacidade de resfriar as superfícies, aumentando assim a sensação de conforto no verão ou nos dias mais quentes. Quando as brisas "passam" por nós, "evaporam" nosso suor, aumentando a sensação de resfriamento que sentimos.

As construções ganham calor durante o dia e o vento pode ser utilizado para esfriar as superfícies internas e para "empurrar" o ar quente para fora da casa.

Se adicionarmos as propriedades do vento ao Design Passivo, podemos conseguir uma casa não somente eficiente no **inverno**, mas também no **verão**.

Lembre-se:

Consulte a **NBR 15220** *para verificar quais são as estratégias de resfriamento passivo indicadas para o clima onde será edificado o projeto.*

O clima mais difícil para se conseguir um resfriamento passivo eficiente é o quente e úmido. Em razão da grande quantidade de umidade no ar, o resfriamento por evaporação torna-se quase impossível e, consequentemente, será também bastante difícil atingir um nível de conforto térmico adequado.

DESIGN PASSIVO

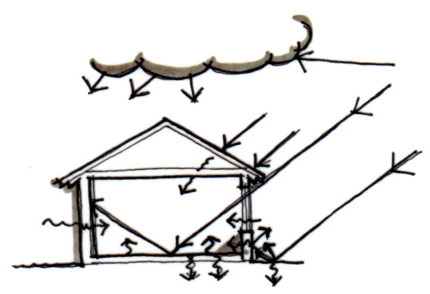

ILUSTRAÇÃO 66 – Exemplo esquemático dos principais ganhos de calor (telhado, paredes, janelas, infiltrações e piso).

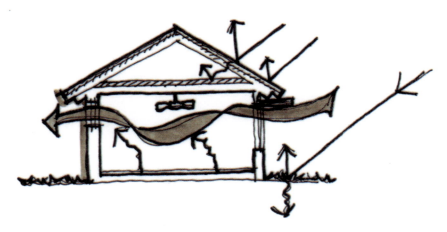

ILUSTRAÇÃO 67 – Exemplo esquemático de aplicação de isolamento térmico, toldo, abertura de janela para ventilação cruzada, ventilador de teto e gramado na área externa.

UTILIZANDO OS VENTOS

Para que o resfriamento passivo seja eficiente, ou seja, para que "funcione", devemos conhecer muito bem as características dos ventos, portanto, será fundamental analisar a direção e a intensidade dos ventos locais.

Somente posicionando a construção no terreno de modo a favorecer que os ventos "frios" cruzem o interior da casa, "levando embora" o ar quente, é que alcançaremos um resfriamento passivo eficiente.

> Lembre-se de que, além de captar os ventos, teremos que "evitar" que eles tragam areia e poeira para dentro da casa.

Sabe-se que:

- A terra esquenta mais rapidamente do que a água.

  De uma forma bastante simplificada, é por isso que, durante o dia, as correntes de ar tendem a seguir a direção do oceano para a terra. À noite, o sentido da corrente tende a inverter-se, já que a terra esfria mais depressa e a água conserva a temperatura por mais tempo. Assim sendo, as correntes de ar, à noite, tendem a seguir uma orientação oposta: da terra para a água.

Portanto:

Para a maior parte do clima litorâneo brasileiro, sabemos que as brisas seguirão esse padrão.

- Em regiões montanhosas, as brisas predominantemente acontecem logo de manhã ou à tardezinha e de cima para baixo nos vales.
- Essas brisas acontecem por causa da diferença de temperatura entre as áreas altas e baixas.

- Em regiões mais planas e distantes do mar, também ocorrerão ventos e brisas formadas pelas diferenças de temperatura causadas pelo aquecimento solar.

Essas brisas tendem a ser curtas e ocorrem pela manhã ou ao entardecer.

Outros fatores também poderão interferir nos ventos e nas brisas locais, seja obstruindo a passagem ou criando condições para que novas brisas se formem. Grandes lagos, represas ou parques, por exemplo, podem gerar brisas quando localizados perto de concentrações urbanas.

Assim sendo, não basta ter conhecimento dos ventos predominantes da região; mais importante será conhecer os ventos locais, aqueles específicos do bairro, da rua.

Casas em grandes lotes sofrerão um tipo de influência proveniente dos ventos; já casas em grandes aglomerados urbanos poderão sofrer influência de outros fatores, como do vento canalizado por prédios altos, casas vizinhas, terrenos baldios ou mesmo qualquer tipo de intervenção arquitetônica ou urbana.

JANELAS, PORTAS E ABERTURAS PARA A VENTILAÇÃO

- Escolher janelas e portas significa estudo e planejamento.
- Cada tipo de janela ou porta se "abrirá" de uma determinada forma, propiciando uma porcentagem de entrada de ar.
- Segundo alguns autores, o melhor formato para uma janela projetada para ventilar um ambiente é horizontal e não a forma quadrada ou retangular.
- A forma horizontal tende a funcionar melhor independentemente do ângulo de incidência do vento na parede (perpendicular, 45º ou qualquer outro ângulo).
- Janelas que permitem 100% de ventilação são ideais para climas quentes e úmidos. Nesse caso, evite o uso de painéis fixos ou de janelas com pouca ventilação.

RESFRIAMENTO PASSIVO

- As aberturas da **face norte** devem ser sombreadas, ou seja, protegidas, para evitar que o calor do sol entre no **verão** e nos dias mais quentes do ano. Não utilizar filmes ou películas protetoras na **face norte** em especial quando será também utilizado o aquecimento passivo. Nesse caso, use películas somente em aberturas das **faces oeste** e **leste**.

Lembre-se:
Quando são acrescentadas proteções como, por exemplo, brise-soleil ou mesmo tela contra insetos, as propriedades de ventilação das janelas poderão ser consideravelmente alteradas para mais ou menos eficiente.

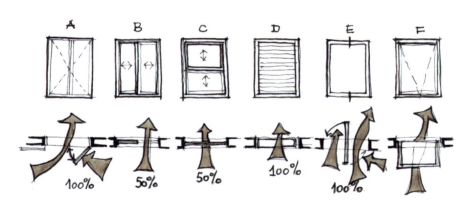

ILUSTRAÇÃO 68 – Modo de abrir, ventilação e versatilidade de alguns modelos de janelas.

DESIGN PASSIVO

	Tipo	Abertura para ventilação	Versatilidade
A	de abrir	100%	quantidade e direcionamento horizontal
B	de correr	50%	abertura à direita ou à esquerda
C	guilhotina	50%	abertura superior, inferior ou 50% de ambas
D	basculante	100%	direcionamento vertical
E	pivotante	100%	pouca
F	maxi-ar	100%	quantidade de vento

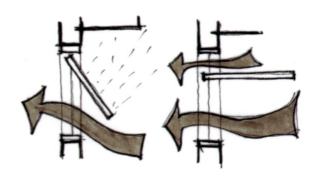

ILUSTRAÇÃO 69 – Corte esquemático de janela maxi-ar mostra a versatilidade desse tipo de opção para barrar a chuva e permitir entrada de ventilação ao mesmo tempo.

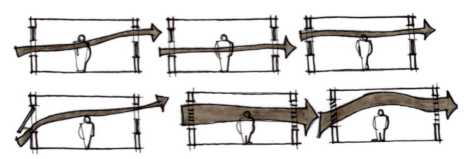

ILUSTRAÇÃO 70 – Cortes esquemáticos do trajeto do vento segundo janelas com diferentes tipos de abertura.

- O posicionamento exato de janelas e portas nas paredes também influenciará muito na qualidade e quantidade da ventilação dentro dos ambientes.

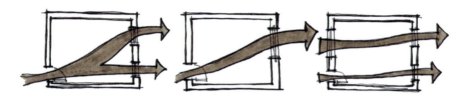

ILUSTRAÇÃO 71 – Exemplo de plantas de um ambiente com diferente localização e número de janelas.

- O tamanho da abertura da entrada da ventilação em relação ao tamanho da saída, juntamente com a porosidade das paredes, alterará a velocidade do vento e a forma como a ventilação será distribuída dentro dos ambientes.

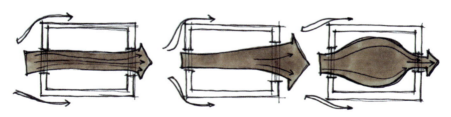

ILUSTRAÇÃO 72 – Plantas esquemáticas mostram como a dimensão da captação da brisa e da abertura para a sua saída do ambiente influenciam na velocidade e distribuição interna da ventilação no ambiente em questão.

- Aberturas com elementos vazados podem ajudar bastante na captação do vento, ao mesmo tempo que permitem privacidade.
São versáteis e sua eficácia é bastante grande já que podem proteger bem a abertura contra chuva e sol.

DESIGN PASSIVO

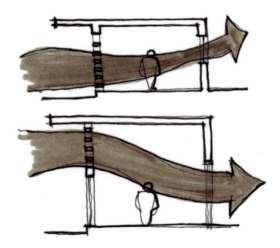

ILUSTRAÇÃO 73 – Exemplo esquemático de ventilação através de elementos vazados.

ILUSTRAÇÃO 74 – Uma composição bastante interessante pode ser a aplicação de elementos vazados como uma "primeira fachada" filtrando a quantidade de sol e consequentemente protegendo as janelas ao mesmo tempo em que permite uma boa ventilação.

COMO AUMENTAR A EFICÁCIA DOS VENTOS

Se projetarmos uma casa sem analisar a direção dos ventos, podemos estar sujeitos a pouca ventilação natural e, consequentemente, a pouca ou nenhuma possibilidade de ventilação passiva.

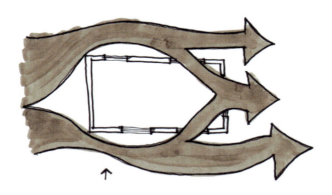

ILUSTRAÇÃO 75 – Esquema de planta com pouca chance de captação de brisas.

Poderemos aumentar a eficácia da ventilação local interferindo na direção, na velocidade ou na quantidade de vento que entra em um determinado ambiente seguindo certas soluções de projeto como, por exemplo:
- posicionando estrategicamente as aberturas;
- escolhendo corretamente o tipo de abertura das janelas;
- dimensionando corretamente as aberturas de entrada e saída da ventilação;
- adicionando marquises, paredes ou qualquer outro tipo de recurso externo à construção para captar mais vento e direcioná-lo para dentro da construção.

DESIGN PASSIVO

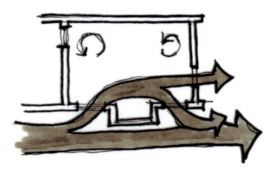

ILUSTRAÇÃO 76 – Podemos desviar ou mesmo aumentar a velocidade da ventilação interna, construindo paredes com recuos ou saliências externas.

- elevando a construção: quanto mais distante do solo, mais fortes tendem a ser as correntes de ventos e brisas. Portanto, quanto mais altas estiverem localizadas as aberturas, mais fácil será captar brisas mais fortes e, consequentemente, mais eficaz será a ventilação passiva.

Dessa forma, em regiões com muita vegetação, construir sob pilotis pode ajudar no acesso às correntes de ar que realmente possam ajudar no resfriamento passivo da construção.

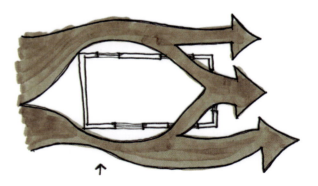

ILUSTRAÇÃO 77 – Em regiões com muita vegetação pode ser difícil acessar os ventos e brisas com construções junto ao solo. A construção sobre pilotis pode ser uma boa solução.

RESFRIAMENTO PASSIVO

- utilizando vegetação ou qualquer outro tipo de barreira externa: os ventos podem ser redirecionados e "forçados" para dentro das construções.

ILUSTRAÇÃO 78 – O paisagismo pode ser um fator de grande ajuda na captação do vento para as áreas de lazer externas, pátios e mesmo na convergência de ventos para as janelas. Pode ser bastante eficiente também para barrar massas de ar quente e assim permitir melhor conforto em casas nos climas quentes.

DESIGN PASSIVO

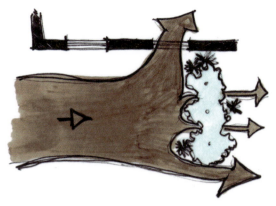

ILUSTRAÇÃO 79 – Vegetação ou barreiras podem ajudar a captar o vento.

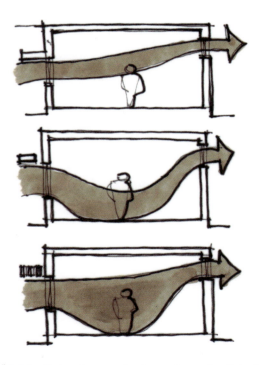

ILUSTRAÇÃO 80 – O tipo de marquise (presa à parede, distante da parede ou mesmo tipo pérgula) pode alterar bastante a forma de distribuição da ventilação dentro dos ambientes.

- utilizando piscina, espelhos d'água ou fontes (**ventilação por evaporação**): o ar, quando evapora de espelhos d'água, resfria o ar por evaporação. Se captarmos esse ar para dentro de casa, ele poderá ajudar bastante a resfriar o ambiente como um todo.

  Ótima solução para **climas quentes e secos**.

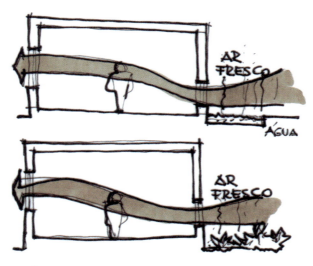

ILUSTRAÇÃO 81 – Exemplo esquemático de utilização de espelho d'água junto a uma janela baixa.

- criando saída para o ar quente que sobe (ventilação por convecção): o ar quente sobe em uma velocidade que realmente não sentimos e, portanto, não servirá para resfriar nosso corpo, ou seja, para evaporar nosso suor. Entretanto, se proporcionarmos uma saída para esse ar quente, ele "puxará" o ar mais frio do exterior para dentro da construção, resfriando assim o ambiente.

  Esse movimento do ar, que pode acontecer quando não existem brisas, é o que chamamos de "convecção".

DESIGN PASSIVO

ILUSTRAÇÃO 82 – Ventilação forçada bastante eficiente e sem gasto de energia. Solução bastante eficiente em climas quentes e úmidos.

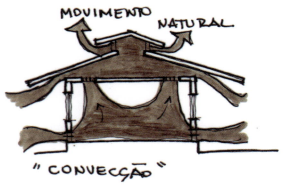

ILUSTRAÇÃO 83 – Exemplo esquemático da ventilação por convecção.

ILUSTRAÇÃO 84 – Exemplo de aberturas para ventilação e resfriamento do interior das residências.

- criando uma chaminé térmica (**ventilação por convecção**): esta solução pode ser bastante eficaz em localidades com pouco vento. Trata-se de criar uma ventilação convectiva "forçada", ou seja, o ar quente será "empurrado" para fora do ambiente pelo ar frio captado junto ao solo.

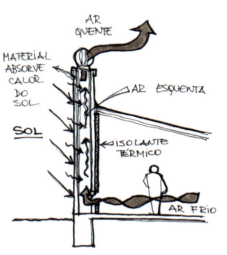

ILUSTRAÇÃO 85 – Exemplo esquemático de funcionamento de chaminé térmica.

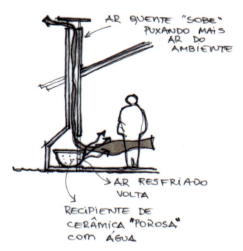

ILUSTRAÇÃO 86 – Exemplo bastante esquemático do funcionamento de um ar-condicionado "natural" (fonte: Green Design).

- instalando ventiladores de teto: os ventiladores devem estar sempre presentes para ajudar a ventilar ambientes nos quais o vento não é suficiente. Esta opção poderá ser a mais econômica entre as ventilações mecânicas num **clima quente e úmido**.

Pouco movimento das hélices já será suficiente para resfriar nosso corpo através da evaporação do nosso suor pelo vento gerado.

ILUSTRAÇÃO 87 – Exemplo de ventilação criada com a instalação de ventiladores de teto.

PRINCÍPIO DA VENTILAÇÃO CRUZADA

O resfriamento passivo tem como princípio a **ventilação cruzada**, que, como o próprio nome diz, significa uma ventilação que cruza, que passa por dentro de todos os ambientes levando embora o ar quente.

Já vimos, no item anterior, como podemos aumentar a eficácia dos ventos e captar maior quantidade de brisa para o resfriamento passivo. Agora vamos analisar como criar uma ventilação cruzada.

A primeira coisa a fazer será localizar as aberturas nas paredes de tal modo a permitir que o fluxo de ar seja acessível a todos os ambientes.

RESFRIAMENTO PASSIVO

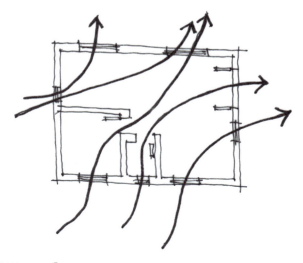

ILUSTRAÇÃO 88 – Esquema do princípio da ventilação cruzada.

🔸 Uma ventilação eficaz é, na maioria dos casos, alcançada por pelo menos duas aberturas externas situadas em paredes opostas.

Assim sendo, as casas "mais estreitas" tendem a ser mais facilmente eficientes. Entretanto, posicionando corretamente as aberturas e utilizando ventiladores de teto, também podemos conseguir um bom resultado em uma construção "quadrada" ou, digamos, "larga".

> Procure manter a distância entre a entrada da brisa e a sua possível saída sempre menor do que 20 m, pois com a distância o vento tenderá a perder força e, consequentemente, não poderá ser considerado no resfriamento passivo.
>
> Caso a brisa passe por portas ou aberturas internas (paredes vazadas), garanta pelo menos 1,5 m² de passagem.

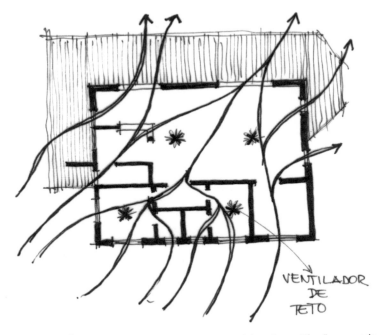

ILUSTRAÇÃO 89 – Exemplo bastante esquemático de ventilação cruzada com utilização de ventiladores de teto.

A setorização interna também pode ser uma grande aliada da ventilação cruzada, pois a localização estratégica de portas ajudará a direcionar a ventilação para os ambientes onde ela é mais necessária.

Eliminar barreiras internas optando por meias-paredes ou mesmo paredes vazadas poderá favorecer a ventilação cruzada.

RESFRIAMENTO PASSIVO

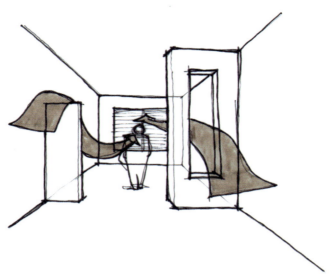

ILUSTRAÇÃO 90 – Meia parede ou paredes com detalhes vazados facilitarão a ventilação.

LOCALIZAÇÃO NO TERRENO OU LOTE

Dependendo das características topográficas da região onde o lote está localizado, os ventos podem atuar de maneira muito particular.

- 💧 Os vales, por exemplo, podem ser regiões com ventos fortes e "encanados" bem diferentes dos ventos predominantes na área ao redor dele, como, por exemplo, nas montanhas que o circundam.
- 💧 É fundamental localizar a construção no lote de modo a garantir acesso às brisas e aos ventos que deverão ser utilizados no resfriamento passivo.

DESIGN PASSIVO

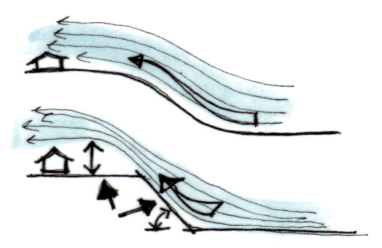

ILUSTRAÇÃO 91 – Exemplo esquemático de topografia acidentada e a consequente alteração da direção dos ventos. Quanto mais "sutil" for o desnível, mais suave será a interferência.

Portanto:
Antes de qualquer providência é preciso identificar qual a correta direção dos ventos locais.

- Estude cautelosamente o tipo de cerca, muro ou divisões que separam os lotes.
- Atenção para os bloqueios que poderão evitar que a "brisa boa" entre na casa e, dessa forma, resfrie passivamente a construção. Caso obstáculos existam, crie condições para desviar o vento e forçar sua entrada no ambiente desejado.
- Interferências positivas, entretanto, podem e devem ocorrer para desviar ventos indesejados, como, por exemplo, os ventos quentes ou os que trazem poeira ou areia para dentro da construção.

Lembre-se:

Quanto mais "maciça" (compacta) e alta for a estrutura utilizada para evitar ou captar os ventos, ou ainda, quanto mais próxima estiver da construção que estamos projetando, mais eficiente será a barreira.

Atenção:

- Muro ou cerca maciça de 1,5 m desviará quase a totalidade dos ventos para cima das construções vizinhas.
  Ventilação ao nível do solo ocorrerá somente após uns 11 m de distância da barreira.

- A mesma cerca com 2 m tenderá a direcionar ("jogar") o vento ainda mais para cima. Neste caso, ele só voltará ao solo a aproximadamente 20 m de distância da cerca.

- As divisórias ou cercas maciças podem ser benéficas para a privacidade, mas, às vezes, podem prejudicar a ventilação dentro das casas.

- A utilização de parte da cerca com abertura poderá ser uma boa opção para auxiliar numa ventilação "pontual" como, por exemplo, possibilitar a entrada de ar por uma janela ou uma porta específica.

- Em grandes aglomerados urbanos tendemos a construir muito perto de nossos vizinhos. Essa aglomeração complica ainda mais a ventilação, podendo canalizar o vento para determinada direção ou mesmo desviar completamente as brisas para longe das casas. Locais onde as construções estão muito "juntas" poderão estar sujeitos à ventilação mais deficiente.

DESIGN PASSIVO

Portanto:
É imprescindível levantar todas as particularidades do lote e do clima do lugar antes de projetar uma casa que deverá utilizar o resfriamento passivo.

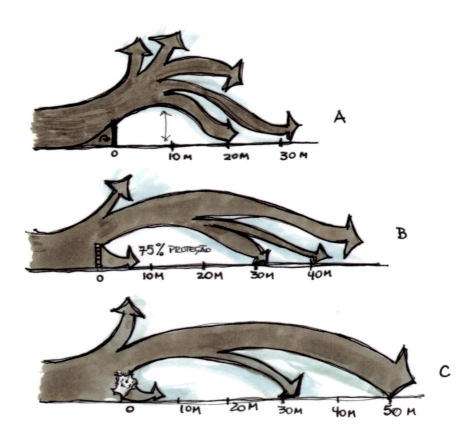

ILUSTRAÇÃO 92 – Exemplo ilustrativo de barreiras (altura 2 m) que podem favorecer ou bloquear o vento (35 km/h), dependendo da distância que a construção estiver delas. (fonte: diversos autores).
a) Barreira sólida protegerá somente na área próxima a ela.
b) Barreira 50% ventilada poderá reduzir a velocidade do vento em até 75% e proteger um pouco mais longe do que a sólida.
c) Barreira de vegetação também reduzirá a velocidade do vento e tenderá a proteger até uma distância maior do que as outras opções.

ILUSTRAÇÃO 93 – Exemplo de como construções vizinhas podem criar um microclima e influenciar nas diretrizes do projeto passivo.
O prédio alto irá incentivar a ventilação das casas localizadas antes dele e "proteger" as construções depois dele.
Em climas quentes será benéfico estar à direita do prédio alto para poder utilizar a brisa no resfriamento passivo.
Em climas frios, a melhor posição será à esquerda já que a construção ficará mais protegida dos ventos frios.
Cada caso é um caso e deve ser analisado como tal. (adaptação da fonte: *Manual do arquiteto descalço*, p. 104)

LAYOUT

Um layout favorável será aquele que nos permitirá:

- conforto durante o dia;
- dormir bem, durante a noite;
- utilizar áreas externas como pátios, varandas ou jardins.

O resfriamento passivo deve, portanto, estar focado nas áreas onde passamos a maior parte dos dias quentes, nos dormitórios e nas áreas externas mais utilizadas.

Será fundamental conhecer os membros da família para a qual se destina o projeto. Um bom layout só será possível se soubermos como a casa é utilizada por essa família bem como seus costumes individuais, e unirmos a esse conhecimento os princípios do Design Passivo.

DESIGN PASSIVO

Em climas muito quentes, procure utilizar janelas e portas com abertura máxima para que a brisa entre sem nenhum bloqueio. Contudo, proteja essas aberturas da entrada de areia, poeira ou dos ventos quentes.

Áreas externas protegidas do sol e calor e que recebam a brisa fresca são altamente favoráveis ao seu uso.

Estar confortável na área externa da casa é o primeiro passo para uma vida ao ar livre, portanto, devemos proporcionar conforto também nessas áreas.

Observe que:

a) Gramados são muito mais favoráveis para as áreas que circundam casas em climas quentes.

b) O piso externo, onde bate sol, tenderá a aquecer muito caso seja revestido com cerâmicas, pedras, concreto ou qualquer outro tipo de material com massa térmica. O calor armazenado durante o dia tenderá a ser exalado e refletido quando a temperatura externa baixar um pouco ajudando a aquecer o entorno e, consequentemente, dentro da casa.

c) Na hora de posicionar os móveis, analise o melhor local segundo as brisas e a circulação do ar dentro dos ambientes.

d) Lembre-se de que, para o resfriamento por evaporação, a brisa deve passar por nosso corpo e não acima de nossa cabeça.

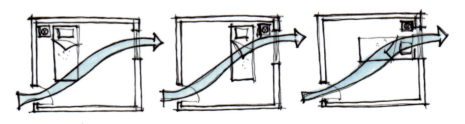

ILUSTRAÇÃO 94 – Exemplo de posicionamento de mobiliário para um conforto maior.

RESFRIAMENTO PASSIVO

e) Para retirar o ar quente dos ambientes com mais eficiência, a circulação mais próxima do teto tende a ser mais conveniente.
f) Em **climas quentes e secos**, a criação de um jardim ou pátio interno com espelho d'água ou piscina poderá ajudar bastante. Dessa forma podemos criar condições para uma ventilação por evaporação dos ambientes vizinhos a esta área.

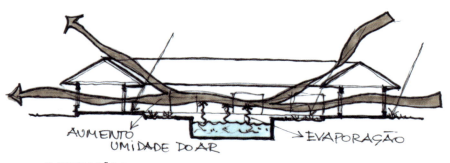

ILUSTRAÇÃO 95 – Exemplo esquemático de pátio interno com piscina e a possível melhora de umidade no ar.

MASSA TÉRMICA

Materiais com massa térmica absorvem o calor e retêm o calor absorvido para exalá-lo quando a temperatura do ambiente diminuir.

Por esse motivo devemos utilizar massa térmica em climas com grandes variações diurnas de temperatura. Quando a região não apresentar essas variações de temperatura, deve-se então optar por não utilizar materiais com massa térmica.

Portanto:
- *Massa térmica → para alta variação de temperatura.*
- *Baixa massa térmica ou sem massa térmica → para baixa variação de temperatura.*

Em **climas quentes e secos** procure usar massa térmica nas áreas comuns (quando o aquecimento passivo for necessário) e baixa massa térmica nos dormitórios (esfriarão mais rápido no verão quente).

ISOLAMENTO TÉRMICO

🔸 Incentive a utilização de áreas externas colocando isolamento térmico no telhado. Esse procedimento deixará a varanda mais agradável além de evitar que o calor armazenado nela seja transmitido para dentro da casa. A instalação de ventilador de teto também ajudará a criar corrente de ar e no resfriamento passivo por evaporação.

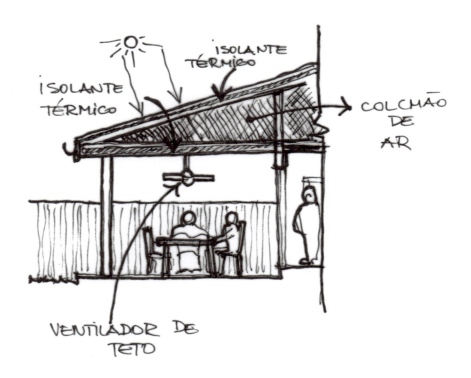

ILUSTRAÇÃO 96 – Esquema de "AL fresco", ou área externa, com isolante térmico e ventilador de teto. Soluções que podem aumentar bastante o conforto nas áreas externas.

RESFRIAMENTO PASSIVO

- Em **climas muito quentes e úmidos**, um telhado flutuante (separado da casa) pode ser uma excelente opção de "isolamento térmico", já que a separação e a ventilação evitam o aquecimento por irradiação.

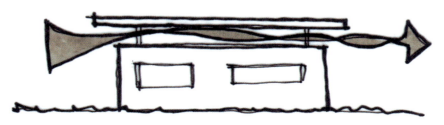

ILUSTRAÇÃO 97 – Exemplo esquemático de telhado flutuante.

- Quando for necessário instalar ar-condicionado e a construção tiver piso suspenso, lembre-se de utilizar isolamento térmico sob o piso, principalmente nos climas quente e úmido ou quente e seco.

GREEN ROOFS (TELHADOS VERDES)

Muito utilizado no Canadá, na Europa e nos Estados Unidos, os telhados verdes começam também a ser muito populares no Brasil.

Em São Paulo, por exemplo, a Câmara Municipal aprovou o **Projeto de Lei nº 115/09**, que obriga sua instalação nos edifícios residenciais ou não, com mais de três unidades agrupadas verticalmente e que sejam aprovados pela prefeitura.

Segundo a Associação Telhado Verde Brasil (http://www.atvbrasil.com.br) e Lecy C. Pecorelli em seu blog (http://lecycpicorelli-bioarquitetura.blogspot.com.au), a função dos telhados verdes seriam inúmeras, entre elas:

- Ajudar no resfriamento das construções nos dias e meses mais quentes:
  - aumentando a eficiência do isolamento térmico do telhado;
  - reduzindo o calor nas superfícies dos telhados;
  - protegendo a membrana do telhado e aumentando sua vida útil;

- criando um microclima agradável junto à construção (favorecendo a evaporação).
- Ajudar em um resfriamento mais "passivo":
  - diminuindo o calor interno das residências e a consequente necessidade de utilização de energia elétrica para resfriamento dos ambientes da casa.
- Ajudar em um aquecimento "mais passivo":
  - auxiliando a manter o calor armazenado dentro dos ambientes em períodos frios.
- Ajudar no controle da poluição sonora e do ar:
  - aumentando a superfície "verde" das cidades e a consequente melhoria da qualidade do ar (filtragem e fotossíntese);
  - aumentando a eficiência acústica da construção.
- Ajudar na drenagem das águas pluviais:
  - reduzindo a perda da água das chuvas que escorreriam direto pelo telhado e calhas e que ajudariam a causar enchentes;
  - diminuindo a quantidade de agentes poluentes carregados pelas águas das enxurradas para rios e córregos.
- Ajudar no aspecto visual e humano das cidades:
  - aumentando a área verde e espaços verdes para a população;
  - aumentando o espaço verde para a criação de jardins com ervas e temperos, flores ou plantas aromáticas;
  - criando novos espaços para pássaros;
  - colaborando para uma cidade com um visual mais humano.

Algumas instalações e projetos mais elaborados e complexos podem aumentar o custo das construções. Outros mais simples podem ser bastante eficientes e de baixo custo. O green roof é, sem dúvida, uma opção ecologicamente correta, sustentável e bastante viável em muitos projetos.

ECOPAREDES, PAREDES VERDES, PAREDES JARDIM, JARDINS VERTICAIS, ETC.

Uma solução que também vem sendo bastante explorada atualmente é a criação de jardins verticais internos ou externos.

Assim como os telhados verdes, as paredes verdes também podem contribuir consideravelmente no resfriamento passivo:

- criando um microclima que favorece o resfriamento por evaporação;
- ajudando a criar um isolamento térmico mais eficiente;
- não absorvendo e transmitindo calor como uma parede normal.

Outros pontos favoráveis ainda incluem:

- ajuda a melhorar a qualidade do ar;
- pode ser composto com ervas, temperos, flores ou plantas aromáticas;
- ajuda a transformar os ambientes em espaços "visualmente" mais agradáveis.

Dicas importantes:

- Como o **resfriamento passivo** visa resfriar os ambientes com baixo consumo energético, o usuário da residência também deverá participar do processo gastando "sua própria energia" para tornar o resfriamento eficiente.

Pela manhã:

- Abra os vidros de janelas e portas para permitir que o ar fresco da manhã entre nos ambientes (caso ele exista "lá fora").
- Cubra com tapetes os revestimentos de piso com massa térmica.

- *Mantenha as portas internas abertas para estimular a ventilação cruzada por toda a casa.*
- *Feche as janelas e portas assim que a temperatura do ar externo começar a subir (não deixe o ar quente entrar).*
- *Mantenha cortinas, persianas ou qualquer outra proteção dos vidros fechada para evitar que a temperatura dos ambientes aumente. (transmissão do calor pelos vidros das janelas e portas).*

À tardezinha:

- *Assim que as brisas começarem a soprar, abra todas as janelas e as portas externas para que elas entrem na casa.*
- *Mantenha as portas internas abertas para favorecer a ventilação cruzada em todos os ambientes.*
- *Ligue os ventiladores de teto se necessário.*

RESUMO

- O vento é importante fator para o resfriamento passivo.
- Posicionar a casa de modo a aproveitar ao máximo os ventos existentes.
- Ventilação cruzada captada por janelas e portas.
- Resfriamento passivo pode ser conseguido por convecção e evaporação.
- Utilizar vegetação ou recursos construtivos para canalizar ou "forçar" a ventilação natural para dentro da construção.
- Setorização e layout podem ajudar na criação de uma ventilação cruzada eficiente.

- Utilizar materiais com massa térmica não é recomendado. Exceção em pisos e paredes, quando se desejar manter o frio dentro dos ambientes (pedra, concreto e alvenaria, por exemplo), mas **evitar** que o sol incida sobre qualquer uma dessas superfícies para não aquecer o ambiente.
- Utilizar beirais, pérgulas, vegetação ou qualquer tipo de sombreamento para manter o sol de verão "fora dos ambientes".
- Caso seja necessário o aquecimento passivo concomitantemente com o resfriamento passivo, utilizar plantas decíduas (que perdem as folhas no outono e no inverno) como opção para sombreamento.
- Usar ventilador de teto.
- Utilizar isolamento térmico onde for necessário.

9

O Design Passivo e
o design de interiores

O DESIGN PASSIVO E O DESIGN DE INTERIORES

Todos os princípios do Design Passivo podem e devem ser aplicados no projeto de design de interiores.

Os designers de interiores devem estar cientes da importância e da influência que as escolhas de materiais, cores e soluções de projeto terão no "microclima" interno e no consumo energético de uma residência. É total responsabilidade desses profissionais orientar seus clientes e amigos na direção de uma solução que seja coerente com os princípios passivos, que ajudem e preservem o meio ambiente e que seja sustentável.

Portanto, mesmo que não possam ser realizadas grandes obras, como a alteração da localização e dos modelos de janelas, podemos escolher soluções de piso, cores de paredes e superfícies, organização espacial, etc. que colaborem para um ambiente termicamente mais eficiente e que consuma menos energia elétrica para isso.

Considere, de imediato, as seguintes questões:

- Como posso ajudar o ambiente a ter (manter) mais claridade e luz natural sem aquecê-lo no verão?
- Qual é o tipo realmente ideal para cortinas e proteção de janelas e portas?

- Preciso utilizar tapetes para ajudar a diminuir a absorção do calor irradiado pelo sol e que incide diretamente na superfície do piso?
- A ventilação natural pode ser beneficiada de que forma para se utilizar menos o ar-condicionado?
- Redistribuir os móveis do ambiente em uma posição diferente pode ajudar a melhorar a ventilação?
- Será necessário utilizar ventiladores de teto?
- Além de serem essenciais na estética, como as cores e os revestimentos podem ajudar no design passivo?
- A iluminação deve ser setorizada para ser mais eficiente? Será necessário o uso de dimmers, lâmpadas ou sensores?
- A escolha de peças sanitárias, de torneiras e chuveiros pode favorecer a economia de água?
- Um jardim interno pode ajudar a aumentar a umidade do ar?

O importante é saber que, qualquer que seja a intervenção em um ambiente — grande, média ou mesmo muito pequena —, é necessário verificar **onde** e **como** podem ser aplicados os conceitos de design passivo para atingir o conforto interno, a contenção do consumo de energia e a **sustentabilidade.**

O QUE É SUSTENTABILIDADE

É atingir as necessidades das gerações presente e futura integrando proteção ambiental, ascensão social e prosperidade econômica. Reconhece a necessidade de conservar e aumentar as reservas naturais do planeta para que os processos naturais de que dependemos hoje sejam garantidos para as futuras gerações

LandCorp – WA Land Development Specialist

Em um projeto **sustentável**, devemos aplicar todos os conceitos do Design Passivo e ainda acrescentar outros pontos fundamentais.

Escolha de materiais de construção

- Redução de "sobras" e o entulho.
- Materiais recicláveis, renováveis, reutilizáveis e atóxicos sempre que possível.
- Materiais "locais" (evitar fornecedores distantes).
- Utilização de materiais mais duradouros e leves.

Uso eficiente de energia elétrica

- Luz natural em quantidade.
- Instalação de painéis fotovoltaicos.
- Lâmpadas eficientes.
- Controle de acendimento automático para lâmpadas (garagem, entrada, etc.).
- Circuitos elétricos bem distribuídos, posicionados e dimensionados.
- Utilização de equipamentos e eletrodomésticos com alto nível de eficiência energética (selo Procel).
- Utilização de aquecimento de água por energia solar térmica, sempre que o clima permitir, e aquecimento a gás como complemento.

Uso adequado de água

- Instalação de coletores de água de chuva para a utilização em jardins e a lavagem de pisos externos.
- Aproveitamento de águas servidas de tanque e máquina de lavar para a lavagem de pisos externos.
- Uso de torneiras e chuveiros econômicos (menor vazão).
- Plantas nos jardins, vasos ou jardineiras que consumam pouca água.
- Instalação de sistema controlado de irrigação no jardim e nos gramados.

Promover no design

- Acessibilidade e segurança (design inclusivo).
- Coleta seletiva do lixo residencial.
- Telhados verdes.
- Jardins verticais.

Conforto acústico

- Esquadrias eficientes.
- Revestimentos que reverberem e/ou reflitam menos o som.

10

Os conceitos do Design Passivo foram aplicados?

CHECK LIST

(AP – aquecimento passivo; RP – resfriamento passivo)

Lote

☐ Clima local definido. (AP/RP)

☐ Ventos predominantes identificados. (AP/RP)

☐ Ventos quentes, com poeira ou areia, observados. (AP/RP)

☐ Implantação favorece a face norte. (AP/RP)

☐ Foram consideradas a vegetação e as construções do entorno. (AP/RP)

☐ Foram considerados e avaliados o desnível e a angulação do terreno. (AP/RP)

Janelas e portas

☐ Localizadas corretamente. (AP/RP)

☐ Dimensões e aberturas apropriadas para o clima em questão. (AP/RP)

☐ Utilização de janelas ou portas de boa qualidade e eficientes. (AP/RP)

☐ Pouca ou nenhuma janela nas **faces oeste** e **leste**. (AP/RP)

☐ Nenhum filme ou película nos vidros da face **norte**. (AP/RP)

DESIGN PASSIVO

- ☐ Sombreamento adequado em todas as aberturas. (AP/RP)
- ☐ Ventilação cruzada garantida. (RP)
- ☐ Quando necessário, as brisas e os ventos foram desviados para dentro da construção. (RP)
- ☐ Ventilador de teto onde necessário. (AP/RP)
- ☐ Quando necessário, a ventilação por convecção foi criada. (RP)

Massa térmica e isolamento térmico

- ☐ Envelope foi criado. (AP/RP)
- ☐ Massa térmica aplicada onde necessária. (AP)
- ☐ Materiais escolhidos corretamente. (AP/RP)
- ☐ Materiais localizados corretamente nos ambientes. (AP/RP)
- ☐ Quando necessário, telhado, paredes e piso foram protegidos com isolante térmico. (AP/RP)

Layout

- ☐ A localização dos ambientes está correta e adaptada à família em questão. (AP/RP)
- ☐ Setorização da planta com portas estrategicamente posicionadas. (AP/RP)
- ☐ Quando necessário, foi criado jardim interno, um espelho de água ou fonte para resfriamento por evaporação (climas quentes e secos). (RP)
- ☐ Quando necessário, as paredes internas foram mantidas baixas ou vazadas. (RP)
- ☐ Área externa confortável. (AP/RP)

Bibliografia

ASSOCIAÇÃO BRASILEIRA DE NORMAS TÉCNICAS. "Desempenho térmico de edificações", NB-15220. Rio de janeiro, 2003.

BERMAN, A. *Green Design: a healthy home handbook.* Londres: Frances Lincoln, 2008.

BITTENCOURT, L. & CÂNDIDO, C. *Ventilação natural em edificações.* Rio de Janeiro: Procel Edifica, 2010. Disponível em: http://www.labcon.ufsc.br/anexosg/425.pdf (s/d. de acesso).

BODYCOMB, T. "Green: Sustainable Architecture and Landscape Design". Em *Green Magazine.* St. Kilda (AV): Green Press Pty Ltd., dez.-fev. 2008.

CEMENT & CONCRETE ASSOCIATION OF AUSTRALIA. "Passive Solar Design". Em *Briefing*, n. 9. abril de 2003.

DURAN, S. C. *Architecture & Energy Efficiency.* Barcelona: Loft, 2011.

EDWARDS, B. *Guía básica de la sostenibilidad.* 2ª ed. revista e ampliada. Barcelona: Gustavo Gilli, 2009.

GALVANI, E. *Unidades climáticas brasileiras.* Disponível em http://www.geografia.fflch.usp.br/graduacao/apoio/Apoio/Apoio_Emerson/Unidades_Climaticas_Brasileiras.pdf (s/d. de acesso).

GONÇALVES, H. & GRAÇA, J. M. *Conceitos bioclimáticos para os edifícios em Portugal.* Lisboa: DGGE, 2004.

GURGEL, M. *Projetando espaços: guia de arquitetura de interiores para áreas residenciais.* 5ª edição. São Paulo: Editora Senac São Paulo, 2010.

NEUFERT, E. *A arte de projetar em arquitetura.* São Paulo: GG Brasil, 1978.

PHYSICS OF FOIL. "Radiant Barrier Stops Heat Gain & Loss in Buildings". Disponível em: http://www.radiantbarrier.com/physics-of-foil.htm (s/d. acesso).

REED, D. & PURTILL, A. M. *Australia´s guide to good residential design.* Camberra (AV): The National Office of Local Government, 2008.

VAN LENGEN, J. *Manual do arquiteto descalço.* São Paulo: Empório do Livro, 2009.

SITES CONSULTADOS

http://dtabach.com.br

http://planetasustentavel.abril.com.br/

http://www.abrapex.com.br

http://www.aecweb.com.br/inercia-termica-a-chave-do-conforto/tematicos/artigos/1499/6

http://www.adene.pt/pt-pt/SubPortais/SCE/Documentacao/Maisrecentes/Documents/ConceitosBioclim%C3%A1ticos.pdf

http://www.construtoraverde.com.br

http://www.cresesb.cepel.br/publicacoes – Atlas do potencial eólico brasileiro

http://www.ecotelhado.com.br

http://www.enerlogicfilms.com.au

http://www.eurosystemesquadrias.com.br/

http://www.fau.ufrj.br/apostilas/conforto/AMB20061CD3003.pdf – Insolação no projeto de arquitetura, arquiteta Claudia Barroso-Krause, D. Sc. FAU/UFRJ

http://www.futureng.pt/inercia-termica

http://www.insulfilmarquitetonico.com.br

http://www.isover.com

http://www.planetseed.com

http://www.procelinfo.com.br

http://www.radiantbarrier.com

http://www.winblok.com.br

Índice geral

A

Aclive ou declive, 57
a importância do clima, 27
ângulo de incidência, 49, 52, 92, 93, 132
aquecimento passivo, 26, 43, 44, 49, 56, 68, 76, 89, 90, 92, 94, 95, 98, 112, 113, 114, 115, 118, 120, 121, 125, 133, 154, 159, 169
A sombra necessária, 95
A trajetória do Sol, 50

B

Bibliografia, 171

C

Check list, 169
Claraboias (skylight), janelas altas e telhados de vidro, 94
Climas brasileiros, 31
Como aumentar a eficácia dos ventos, 137
Considerações, 44
Construções com dois pavimentos, 117

D

Definições, 15

E

Ecoparedes, paredes verdes, 157
Ecoparedes, paredes verdes, paredes jardim, jardins verticais, etc, 157

Envelope, 62, 126, 170
Estratégias de condicionamento térmico para cada uma das oito zonas bioclimáticas brasileiras segundo a NBR 15220-3, 43
Estratégias térmicas mais comuns a diferentes condições climáticas, 41
Evitando perda ou ganho de calor, 59

G

Garantindo conforto, 21
Green roofs (telhados verdes), 155

I

Importância do Sol, 47
Incidência solar, 49
Influência na forma e no layout, 53
Introdução, 13
Isolamento térmico, 20, 65, 79, 121, 154

J

janelas e portas, 20, 50, 63, 117, 132, 135, 152, 157, 158, 163
Janelas, portas e aberturas para a ventilação, 132

L

Layout, 114, 126, 151, 170
Levantamento dos dados climáticos para um projeto, 36
Localização no terreno ou lote, 113, 147

M

Massa térmica, 43, 44, 74, 75, 120, 123, 153, 170

O

O Design Passivo e o design de interiores, 161
O que é sustentabilidade, 164
O que faz uma casa ser Passiva?, 19
Orientação, 20, 55
Os conceitos do Design Passivo foram aplicados?, 167
O sol necessário, 92
Os seis princípios do Design Passivo, 20
O terreno e o lote, 55

P

paredes, 52, 62, 63, 64, 65, 76, 82, 83, 91, 101, 104, 120, 121, 126, 130, 135, 137, 138, 144, 145, 146, 147, 157, 159, 163, 170
piso, 25, 62, 63, 71, 73, 74, 76, 80, 86, 91, 102, 116, 117, 118, 120, 122, 123, 124, 125, 126, 130, 152, 155, 157, 163, 164, 170

Piso externo, 116
Possíveis formas de transmissão de calor em uma construção, 79
Principais ganhos de calor em uma residência, 91
Princípio da ventilação cruzada, 144
Projetando para um determinado clima, 37

R

Resfriamento passivo, 127, 158
Resumo, 126, 158

S

Setorização interna, 118
Sites consultados, 172
Soluções especiais, 123
Sugestões de sombreamento segundo a face, 96

T

Telhados, 66, 68, 166

U

Utilização da massa térmica em uma construção, 75
Utilizando os ventos, 131

V

Ventilador de teto, 119, 126, 170